Les Mots latins pour Mathilde

Pierre Laurens

Les Mots latins
pour
Mathilde

Petites leçons d'une grande langue

LES BELLES LETTRES

Ce volume a bénéficié de la révision
de Pierre Flobert et de Robert Martin

www.lesbelleslettres.com
Retrouvez Les Belles Lettres sur Facebook et Twitter.

ISBN 978-2-251-44589-2

LISTE DES ABRÉVIATIONS

lat. : latin
gr. : grec
scr. : sanscrit
isl., v. isl. : islandais, vieil islandais
slav., v. slav. : slave, vieux slave
étr. : étrusque
osq. : osque
sab. : sabin
gaul. : gaulois
carth. : carthaginois
fr., v. fr. : français, vieux français
angl. : anglais
all. : allemand
it. : italien
esp. : espagnol

subst. : substantif
adj. : adjectif
indécl. : indéclinable
v. : verbe
adv. : adverbe
sg. : singulier
pl. : pluriel
nom. : nominatif
voc. : vocatif
acc. : accusatif
gén. : génitif
dat. : datif
abl. : ablatif
act. : actif
pass. : passif

dép. : déponent pronom. : pronominal
trans. : transitif
intr. : intransitif

cf. : comparer
n.p.c. : ne pas confondre
par opp. : par opposition
fig. : figuré
p.-ê. : peut-être
poét. : poétique
spéc. : spécialement
gén. : généralement
arch. : archaïque
péj. : péjoratif
mélior. : méolioratif
coll. : collectif
anal. : analogie
rhét. : rhétorique
en part. : en particulier
polit. : politique
rel. : religieux
mil. : militaire
soc. : social
chr. : chrétien
phys. : physique
mor. : moral
chap. : chapitre
vol. : volume
t. : tome

AU LECTEUR

Ce livre est né d'un constat : le contraste vertigineux observable aujourd'hui entre l'essor inégalé pris par les recherches en linguistique, et en particulier en linguistique grecque et latine, et la difficulté croissante des élèves et étudiants à maîtriser les bases élémentaires de la langue classique : situation paradoxalement inverse de celle des débuts de l'âge moderne, où la science étymologique était encore dans les limbes, où l'on enseignait par exemple que le mot *crocodeilos* dérivait de *crocos* (en grec : safran) et de *deilos* (lâche, peureux), ce qui faisait du crocodile « l'animal qui a peur du safran »[1] ! mais où chacun, et ce, dès les premières classes, non seulement, comme le jeune Montaigne, lisait et entendait, mais écrivait et composait couramment en latin.

Même si l'on relève que l'une des raisons de cette difficulté est la réduction drastique advenue au cours des siècles de la place réservée aux langues classiques, désormais une peau de chagrin, au sein de l'encyclopédie des disciplines, on n'échappe pas au soupçon qu'une part de l'explication est le divorce de plus en plus grand qui, malgré les efforts parfois héroïques des pédagogues, a séparé les spécialistes du commun des utilisateurs.

---

1. Soit dit en passant, l'utilisateur mémorisait ainsi, grâce à un savoir erroné, trois mots d'un seul coup.

C'est ce divorce qu'on a tenté de réduire ici, en croisant une donnée statistique, dont aucune pédagogie des langues, paraît-il, ne peut aujourd'hui se passer, avec un savoir scientifique offert par les conquêtes décisives qui ont marqué les derniers siècles de l'histoire de la linguistique.

La donnée statistique

En 1948-1949 un article de René Michea (*Franco-ancienne* n° 88, p. 20) attirait l'attention des latinistes sur un phénomène qui avait fortement frappé les statisticiens et les enseignants des langues vivantes :

> Si l'on classe les éléments lexicaux [d'une langue] par ordre de fréquence décroissante, on constate que la valeur de cette fréquence diminue très vite, si bien qu'à partir d'une limite assez rapidement atteinte on n'a qu'un avantage minime à ajouter des mots à ceux qu'on connaît déjà. Pour citer des chiffres approximatifs, on arrive avec une centaine de mots à couvrir environ 50 % de la fréquence totale ; si on fixe à 50 000 le nombre moyen des mots d'une langue, les 100 premiers par ordre de fréquence se retrouvent à peu près autant que les 49 500 autres... Avec 1 000 mots on atteint généralement 80 %. Dans un graphique, on voit la courbe de fréquence qui descendait presque verticalement s'infléchir fortement et tendre à prendre une direction horizontale. Avec 3 000 autres mots, on arrive d'ordinaire aux environs de 90 %, c'est-à-dire que les 47 000 autres mots du dictionnaire ne représentent que 10 % de la totalité du vocabulaire employé.

En application de ce principe, le petit livre de Maurice Mathy, *Vocabulaire de base du latin*, publié en 1952 avec une préface de Jules Marouzeau, proposait une liste des 2 784 mots latins les plus usuels classés par ordre de fréquence décroissante. Réalisé par une équipe de professeurs de latin bénévoles, la liste de Mathy s'appuyait sur des coupes significatives pratiquées sur l'œuvre de onze auteurs classiques. Depuis, le LASLA de Liège (Laboratoire d'analyse statistique des langues anciennes) a entamé un dépouillement exhaustif des auteurs de la latinité, constituant dès 1980 une banque de données d'environ un million de mots. C'est à la liste de Liège, liste en progrès, que se réfèrent les deux manuels de Georges Cauquil et Jean-Yves Guillaumin, *Vocabulaire de base du latin,* publié par l'A.R.E.L.A.B. en 1984, et *Vocabulaire essentiel du latin*, publié par les même auteurs (Paris, Hachette, 1992), qui mettent à la disposition des élèves et des étudiants les 1 600 premiers mots de la langue.

L'apport de la linguistique

Pourtant, la méthode statistique ne nous offre jamais qu'une base de référence. Ces 1 600 mots usuels, comment les enseigner, notamment à des étudiants et à des adultes, sinon en demandant à la science du langage d'en éclairer l'intelligibilité ?

On a dit que l'étude des langues a fait au cours des deux derniers siècles d'immenses progrès. Le premier et le plus spectaculaire est dû à la **grammaire comparée** des langues indo-européennes, qui nous instruit sur la préhistoire de la langue en dévoilant, entre les mots latins, grecs et sanscrits ou celtiques, des similitudes expliquées par l'appartenance à une même racine ; la **philologie historique** prend le relai et ouvre une autre page, qui révèle l'importance de l'emprunt et entreprend une histoire des mots, histoire à l'intérieur de la langue, riche d'enseignements sur les hommes et leur civilisation ; la **morphologie lexicale** étudie le formidable travail de la langue sur elle-même, s'enrichissant par composition et surtout dérivation, préfixes et suffixes servant à exprimer toutes les modalités et nuances d'une notion commune : ici un riche ensemble de travaux nous aide à étudier la constitution de la langue en système ; viennent ensuite les travaux de **sémantique**, qui s'attachent à la signification et découvrent dans un même mot une multiplicité de sens, et les travaux de **lexicologie,** avec leurs inventaires soit restreints (emplois du mot *ratio*), soit plus vastes (vocabulaire des institutions politiques), soit privilégiant une approche structurelle, à la fois synchronique et diachronique (Émile Benveniste, *Vocabulaire des institutions indo-européennes,* 1969) ; enfin n'oublions pas, symétrique des recherches poursuivies sur le fonds indo-européen, l'essor de la **grammaire comparée des langues romanes**, amorcée dès 1835, qui étudie le passage du latin vulgaire au « roman commun », et en particulier au français.

De tout cela, qu'a retenu la pédagogie du latin ? Étonnamment peu, en dépit du vœu formulé en 1923 par Jules Marouzeau dans une causerie adressée aux parents et aux maîtres, puis dans un petit livre publié par les Belles Lettres, *La Linguistique et l'enseignement du latin* (1924 ; 2ᵉ éd. augmentée, 1929). La seule application pratique véritable concerne l'étymologie et l'étude des groupements de mots par familles. L'idée est bonne, et loin d'être neuve : elle n'avait pas échappé aux pédagogues de Port-Royal et à Claude Lancelot, auteur en 1660 d'un délicieux *Jardin des racines grecques.* Elle inspire un siècle plus tard à Court de Gibelin le *Dictionnaire étymologique et raisonné des racines latines, à l'usage des jeunes gens*, Paris, 1780, plus tard encore les *Leçons de mots* de Bréal et Bailly (sous-titre : *Les mots latins groupés d'après le sens et l'étymologie*), publiées en trois niveaux, élémentaire, intermédiaire, supérieur, à partir de 1881 et objet de maintes rééditions. Plus près de nous, *Les Mots latins groupés par familles étymologiques* de Fernand Martin (1941), sans cesse réimprimés, adopteront la même méthode, mais en l'appuyant pour la première fois sur une base scientifique solide, le *Dictionnaire étymologique* d'Ernout-Meillet (Paris, Klincksieck, 1932, 4ᵉ éd. revue par Jacques André, 2001).

Du « petit Martin » l'auteur de ce livre a gardé de ses années d'hypokhâgne et de khâgne un souvenir reconnaissant. D'autant qu'au fil des articles sont distillées nombre d'informations ou renvoyant à la racine indo-européenne, ou détaillant les nuances de sens, ou donnant les mots français dérivés de la source latine. Mais il a pensé depuis qu'on pouvait retenir de l'immense travail effectué non pas *une* leçon (il y a des familles de mots et la perception de cette connivence est un bon moyen de soulager la mémoire), mais autant de leçons qu'il y eut de conditions à la formation et à l'enrichissement du lexique latin : leçons *sur* le vocabulaire et pas seulement *de* vocabulaire. Il voudrait que ses lecteurs se prennent de passion, à leur tour, à travers l'aventure intellectuelle que représente l'histoire de la linguistique, pour cette autre aventure collective qu'est la naissance et le perfectionnement d'une langue de grande civilisation, qui plus est accoucheuse de la nôtre, l'apprentissage du vocabulaire venant à la suite, en illustration, naturellement et comme par surcroît.

Cependant il a pleine conscience de ce que les visées de la pédagogie ne sont pas celles de la science. Dans son exposé de la racine, le spécialiste rapproche la forme latine du sanscrit, du hittite, de l'avestique, du lituanien, du germanique, du vieux slave, de l'osque, de l'ombrien, du celtique, langues sur lesquelles notre lecteur ou lectrice n'a aucune lumière : sauf exception, on se contentera la plupart du temps ici de renvoyer, outre au sanscrit et au grec, aux langues supposées connues de lui. Dans la reconstitution des formes de l'indo-européen le spécialiste met en œuvre par convention un système sophistiqué de notation des phonèmes, nous aurons recours à une notation exacte, mais plus simple. Le spécialiste met sur le même plan le mot usuel et le mot rare : faire passer son savoir nous impose un effort de décantation qui serve à proposer moins un inventaire exhaustif qu'un éventaire utile, celui qui correspondrait à peu près aux 1 600 mots les plus usuels retenus par les vocabulaires de base. Enfin, faire agréer ce savoir suppose que l'on mette son point d'honneur à privilégier une présentation qui fasse mentir le mot de Freud cité par Gérard Genette dans ses *Mimologiques* : « La science est après tout la renonciation la plus complète au principe de plaisir dont notre activité psychologique est capable. »

C'est à quoi on s'emploiera dans les quatre parties qui divisent le présent ouvrage, où on examine successivement la constitution du matériel de la langue, l'enrichissement du lexique par dérivation et composition, l'enrichissement du mot par la polysémie, le passage du latin au français. Chacune des parties ou sous-parties sera préfacée par une *Lettre à Mathilde*, c'est le nom de l'aînée de mes petites-filles, enfant lumineuse et merveilleusement curieuse de tout, à qui j'aimerais transmettre, comme à ses deux petites sœurs, Margot et Louise, quelque chose de mon goût du latin, en lui dédiant ce livre, à tout hasard, avec toute mon affection et avec les vœux de réussite formulés par ses tout premiers critiques et relecteurs, à qui vont mes remerciements : Caroline Noirot, directrice des Belles Lettres, la première à avoir cru en ce livre, mon épouse Florence, mes jeunes collègues Anne Raffarin et Laurence Boulègue, autrefois mes élèves, enfin mon collègue en Sorbonne Pierre Flobert, père du nouveau grand Gaffiot, et mon confrère Robert Martin, membre de l'Institut, autre maître de la linguistique d'aujourd'hui.

Pierre Laurens

Première partie
Constitution du matériel de la langue

Comme toute langue parvenue à un point donné de son histoire, la langue latine que nous connaissons est à son origine le produit de la combinaison entre un fonds commun hérité, dont l'origine a donné lieu à d'intenses spéculations, et une diversité d'emprunts lexicaux à d'autres langues avec lesquelles il s'est trouvé en contact au travers des guerres et des échanges culturels.

I

LE FONDS INDO-EUROPÉEN

Première lettre : un peu d'histoire

Chère Mathilde,

Le mystère de l'origine et de la diversité des langues a toujours fasciné l'humanité. Un philosophe comme Platon a mis en scène dans un dialogue intitulé Cratyle *deux thèses opposées : celle de Cratyle, qui soutient que les noms sont justes par nature, le premier homme qui parle imite par onomatopée les bruits qui l'environnent ; et celle d'Hermogène, qui soutient que les noms sont justes en fonction d'une pure convention, posée par un législateur, en grec un nomothète. Ce nomothète, pour les savants arabes, ne peut être que Dieu. De son côté, le texte de la Bible relatif à la tour de Babel (Genèse 11) explique que, quand les hommes, qui parlaient jusque-là une langue unique, langue adamique, donnée elle aussi par Dieu et où les mots sont l'image des choses, décidèrent de construire une ville et d'édifier une tour dont le sommet devait pénétrer jusqu'aux cieux, Yahvé, pour les punir de ce péché d'orgueil, confondit leur langage pour qu'ils ne s'entendent plus les uns les autres et les dispersa sur toute la surface de la terre.*

Le récit biblique, accepté en Europe par le Moyen Âge et la première Renaissance, ne devait pourtant pas tarder à être contesté : dès le tour-

nant du XVIe siècle et du XVIIe siècle on voit poindre, puis triompher, une autre approche, consistant à supposer au départ non pas une, mais une diversité de familles de langues plus ou moins attachées à de grandes aires linguistiques. On découvre en particulier entre la plupart des langues de l'Europe et plusieurs langues de l'Asie des correspondances telles qu'il ne semble alors possible de les expliquer que par une même origine : la migration d'un peuple de guerriers et de cavaliers nomades qui serait parti, à l'époque préhistorique, soit des alentours de la mer Noire, soit de l'Iran, selon les hypothèses les plus privilégiées, voire, selon une théorie qui a alimenté la thèse d'une race aryenne, des pays nordiques.

Les premiers à promouvoir ce nouveau roman des origines n'étaient pas tous des linguistes de profession : un jésuite anglais, Thomas Stephen, missionnaire en Inde de 1579 à 1619, et un commerçant italien, Filippo Sassetti, avaient noté une parenté entre le sanscrit et les deux langues classiques. Mais vers les années 1630, en même temps qu'un savant français, Claude Saumaise (1588-1653), un hollandais nommé Marcus Zuerius Boxhorn (1602-1653), professeur à l'université de Leyde, avait postulé l'existence d'une protolangue, commune aux langues grecque, latine, perse, germaniques, slaves, celtes et baltes, qu'il baptisa du nom de « scythique ».

L'étape décisive sera franchie au XVIIIe siècle avec la vogue de l'orientalisme. Grâce à la politique de l'abbé Jean-Paul Bignon (1662-1743), la Bibliothèque royale s'était enrichie d'un riche fonds oriental, composé de livres ou de manuscrits persans, arabes, chinois, ainsi que d'un lot important de manuscrits sanscrits. Antiquaire du roi, revenu de plusieurs séjours dans l'Empire ottoman, Antoine Galland († 1715) n'est pas seulement le traducteur des contes persans des Mille et Une Nuits, *il a donné également des* Contes et Fables indiennes, de Bidpaï et de Lokman, *traduites d'un auteur turc. La création de la Compagnie des Indes, l'ouverture des comptoirs, la curiosité des voyageurs allaient faire le reste, rivalisant d'ardeur avec les jésuites missionnaires : tandis qu'un de ceux-ci, Jean-François Pons, rédige et envoie à Paris dès 1739 une grammaire du sanscrit, que Gaston Laurent Cœurdoux, soldat* lui aussi de la Société de Jésus, présente un mémoire à l'Académie des inscriptions et belles-lettres (1767), avant de publier ses Mœurs et Coutumes des Indiens (1777), voilà que, partant sur les traces de François Bernier, Abraham Hyacinthe Anquetil-Duperron, qui s'est enrôlé comme soldat dans une compagnie en partance pour les Indes, traduit l'Avesta, texte sacré de la religion de Zoroastre (1771), avant de donner en latin, sous le titre Oupnek' hat, id est secretum tegendum, « c'est-à-dire : il faut garder le secret » (1801), la traduction de la version persane exécutée par le prince musulman Muhammad Dara Shikoh de cinquante Upanishad, textes philosophiques en sanscrit écrits en marge du ou des Veda. On est tout près à ce moment de tenir le sanscrit pour la langue des origines : écrits dans le sanscrit le plus ancien, appelé pour cela sanscrit védique, les Veda, les plus anciens textes sacrés des hindouistes, antérieurs à 1000 av. J.-C., étaient eux-mêmes regardés comme les « archives du Paradis ».

À partir de là, tout va très vite : l'un des plus ardents promoteurs du sanscrit, William Jones, dans son Troisième Discours (1786) à la Société asiatique de Calcutta, dont il est le fondateur, approfondit les affinités très fortes entre cette langue et le grec ancien et le latin. Thomas Young invente en 1813 le terme de « langues indo-européennes » (les Allemands préféreront indo-aryennes ou indo-germaniques), encore accrédité aujourd'hui pour qualifier l'ensemble des langues qui « règnent depuis les bords du Gange jusqu'aux rivages de l'Islande » ou – si ce n'est pas un nouveau mythe conçu par l'Occident que dénonçait hier le protohistorien Jean-Paul Demoule – issues de la langue de ce peuple de guerriers qui aurait émigré « des steppes aux océans » ; Jakob Grimm, l'aîné des frères conteurs, dans sa Deutsche Grammatik (1819), Franz Bopp, dans sa Grammaire comparée des langues sanscrite, persane (zende de l'Avesta), grecque, latine, lituanienne, slave, gotique, et allemande, publiée entre 1833 et 1852 et traduite par Michel Bréal, en commencent l'étude systématique, qui culmine pour nous avec les œuvres de deux éminents linguistes français, Antoine Meillet (1866-1936) et Émile Benveniste (1902-1976), l'un (Meillet) naviguant entre *l'étude de l'indo-européen et l'étude de l'arménien classique, du grec et enfin du latin, l'autre (Benveniste) produisant une avancée décisive en grammaire comparée avec sa théorie de la racine. Les pages qui suivent sont nourries des résultats affinés par plus de deux siècles de recherche et de débats plus que passionnés.*

> ‣ Antoine Meillet : *Introduction à l'étude comparative des langues indo-européennes*, Paris, 1903, 1912 ; *Les Dialectes indo-européens*, Paris, 1908 ; *Traité de grammaire comparée des langues classiques*, Paris, 1924 (avec Joseph Vendryes) ; *Esquisse d'une histoire de la langue latine*, Paris, 1928, avec bibliographie mise à jour et complétée par Jean Perrot, Paris, 1966, rééd. 1977, 2004 ; *La Méthode comparative en linguistique historique*, Paris, 1928 ; *Dictionnaire étymologique de la langue latine*, Paris, 1932, en collaboration avec Alfred Ernout, éd. augmentée par Jacques André, Paris, 2001.
>
> ‣ Émile Benveniste : *Les Origines de la formation des noms en indo-européen*, Paris, 1935 ; *Noms d'agent et noms d'action en indo-européen*, Paris, 1948, rééd. 1993 ; *Le Vocabulaire des institutions indo-européennes* (1969).
>
> ‣ Un livre iconoclaste : Jean-Paul Demoule : *Où sont passés les Indo-Européens ? Le mythe d'origine de l'Occident,* Paris, 2014.

Illustration des résultats obtenus par ces travaux, l'arbre généalogique ci-contre, emprunté par commodité à l'ouvrage de Philip Baldi, *An Introduction to the Indo-European Languages*, publié en 1983, donnera une idée de l'extraordinaire richesse de la famille des langues indo-européennes, de loin la plus prolifique avec la sino-thibétaine et la famille sémitique, de toutes celles qui se seraient partagé la terre. On y voit que, parmi les langues issues du P.I.E. (proto-indo-européen), le latin, qui sera la langue mère d'une pléiade de langues dites romanes, appartient à la branche **italique**, qui comprenait aussi d'autres langues effacées par lui et restées sans

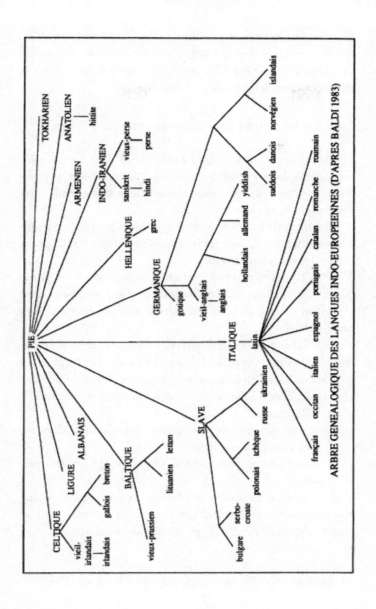

ARBRE GENEALOGIQUE DES LANGUES INDO-EUROPEENNES (D'APRES BALDI 1983)

descendance (osque, sabin, samnite, volsque, ombrien) et qui s'est installée dans la péninsule à une époque sensiblement plus tardive que la branche **hellénique**, qui a produit le grec, et que la branche **indo-iranienne**, qui a produit le sanscrit.

Les mots latins tirés du fonds indo-européen

De son appartenance à la branche italique de la famille indo-européenne, la langue latine tire d'abord les caractères morphologiques, c'est-à-dire formels, d'une langue **flexionnelle**, avec déclinaisons et conjugaison[1].

Des marques (ou morphèmes) appelées désinences ou terminaisons distinguent, dans les verbes, les personnes, les temps, les modes, les voix : Par exemple :

1re et 2e personne du verbe porter, *je porte, tu portes* : gr. φέρω, φέρεις, lat. **fero, fers**, scr. *bharami, bharasi*, angl. *I bear, thou bearest*, vieux haut all. *biru, biris*, où la deuxième personne est caractérisée par le -s final.

Dans les noms et adjectifs, elles distinguent le genre (masculin, féminin, neutre) et le nombre (singulier et pluriel ; le grec a, de plus, le duel), mais en outre, comme le grec et plus tard l'allemand et le russe, elles **déclinent** les diverses fonctions du mot dans la phrase : Par exemple :

- Nominatif (cas sujet) du mot signifiant la renommée : désinence gr. -η : φήμη, lat. -*a* : **fama**.
- Accusatif (compl. d'obj.) : désinence gr. -ην : φήμην, lat. -*am* : **famam**.

Les cas en latin sont au nombre de six : nominatif, vocatif, accusatif, génitif, datif, ablatif (comme dans la chanson : sg. *rosa, rosa, rosam, rosae, rosae, rosa*, pl. *rosae, rosae, rosas, rosarum, rosis,*

---

1. Déclinaison : flexion du nom ; conjugaison : flexion du verbe.

rosis), correspondant aux six fonctions (sujet, apostrophe, complément direct d'objet, possession, attribution, agent : la rose, ô rose, la rose c.o.d., de la rose, à la rose, par la rose...) ; on notera qu'en grec, qui n'a que cinq cas sur les six du latin et les huit de la langue primitive en comptant le locatif et l'instrumental, le datif joue le rôle de l'ablatif, et qu'en latin, le locatif indo-européen n'existe que comme une survivance (*Romae*, à Rome ; *domi*, à la maison).

On retiendra, résumés à grands traits pour faciliter l'intelligence de la suite, ces principaux traits du système développé par le latin :

- Cinq déclinaisons marquées par la désinence du génitif, *-ae, -i, -is, -us, -ei* : 1) *rosa, -ae* (fém., rar. masc. : *agricola*) ; 2) *dominus, -i* (masc.) et *bellum, -i* (neutre) ; 3) *ciuis, -is, pater, -tris, orator, -oris* (masc.), *mater, -tris, soror, -oris* (fém.), *mare, -is, animal, -alis, aequor, -oris* (neutre) ; 4) *portus, -us* (masc.), *manus, -us* (fém.), *cornu, -us* (neutre) ; 5) *dies, -ei* (masc. et fém.).

- Deux classes d'adjectifs qualificatifs possédant un masculin, un féminin, un neutre : *bonus, -a, -um* (suit les deux premières déclinaisons des noms) et *fertilis, -is, -e, acer, -is, -e* (suit la troisième déclinaison).

Chaque adjectif possède en outre trois degrés de signification : positif, comparatif, superlatif : *magnus* (grand), *maior* (plus grand), *maximus* (très grand ou le plus grand) ; *acer, acrior, acerrimus* ; *fertilis, fertilior, fertilissimus*.

- Cinq types de conjugaisons : *amo, -are, lego, -ere* (*e* bref), *capio, -ere* (*e* bref), *uideo, -ere* (*e* long), *audio, -ire* ; passif : *amor, -ari, legor, -i, capior, -i, uideor, -eri, audior, -iri* ; on appelle **déponents** les verbes qui ont une forme passive et un sens actif : *utor, -i* (se servir de).

L'étude de ces formes grammaticales, en partie héritées et qu'on retrouvera dans tous les tableaux à venir, relève de la **morphologie**. En même temps – et c'est le véritable objet de ce chapitre – la langue latine emprunte à la langue mère non pas tout, mais une grande partie de son équipement lexicologique.

1. MOTS ISOLÉS

La dette qui saute aux yeux est celle qui concerne les mots isolés, correspondant à des réalités de base. Tel est le mot latin qui désigne le père (*pater*), calque exact du grec πατήρ et reconductible, malgré de légères différences qui affectent les voyelles ou les consonnes, à la forme qui a donné en sanscrit *pitár*, en gotique *fadar*, en anglais *father* et en allemand *vater*.

Noms de parenté

Père : scr. *pitár*, gr. πατήρ, lat. **pater**, got. *fadar*, angl. *father*, all. *vater*

Mère : scr. *matár*, gr. μάτηρ, lat. **mater**, got. *modar*, angl. *mother*, all. *mutter*

Frère : scr. *bhratar*, gr. φράτηρ, lat. **frater**, got. *brodar*, angl. *brother*, all. *bruder*

Grand-père : arménien *aw* (l'ancien), lat. **auus**

N.B. Le mot latin qui désigne le fils, *filius*, ne dérive pas de la racine indo-européenne qui a donné scr. *sunu*, gr. υἱός, angl. *son*, all. *sohn*, mais aurait été formé, selon certains, sur la racine *fe-* qui signifie têter : c'est celui qui tête ; selon Michel Lejeune, il serait plutôt apparenté à alb. *bir*, gr. φῖτυ (le fils), φιτύω (semer, enfanter).

Parties du corps

Dent : scr. *dan*, gr. ὀδούς, lat. **dens**, angl. *tooth*, all. *zahn*
Genou : scr. *janu*, gr. γόνυ, lat. **genu**, angl. *knee*, all. *knie*
Pied : scr. *pat*, gr πούς, lat. **pes**, angl. *foot*, all. *fuss*
Cœur : gr. καρδία, lat. **cor, -ordis**, angl. *heart*, all. *hertz*
Bras : gr. ἁρμός, lat. **armus**, angl. *arm*, all. *arm*
Œil : gr. ὤψ, ὀφθαλμός, lat. **oculus**, angl. *eye (eighe)*, all. *auge*
Oreille : gr. οὖς, lat. **auris**, angl. *ear*, all. *ohr*

Phénomènes naturels

Soleil : gr. ἠέλιος, lat. **sol**, angl. *sun*, all. *sonne*
Lumière : gr. λευκός, lat. **lux**, angl. *light*, all. *licht*
Étoile : gr. ἀστήρ, lat. **stella, aster**, angl. *star*, all. *stern*
Nuit : gr. νύξ, lat. **nox, -ctis**, angl. *night*, all. *nacht*
Vent : scr. *vati*, gr. ἄησι, lat. **uentus**, angl. *wind*, all. *wind*

Animaux, arbres, vie agricole

Oie : lat. **(h)anser**, angl. *goose*, all. *gans*
Chevreau : lat. **haedus**, angl. *goat*, all. *geiss*, roum. *ied*
Bélier : ombr. *erietu*, gr. ἔριφος, lat. **aries**, irl. *earb*
Bœuf : sct. *gau-s*, gr. βοῦς, lat. **bos, -ouis**, angl. *cow*, all. *kuh*
Chien : gr. κύων, lat. **canis**, angl. *hound*, all. *hund*
Corne : gr. κέρας, lat. **cornu**, angl. *horn*, all. *horn*
Taureau : gr. ταῦρος, lat. **taurus**, angl. *steer*, all. *stier*
Cheval : sct. *asva-s*, gr. ἵππος, gaul. *epo-*, lat. **equus**
Champ : gr. ἀγρός, lat. **ager**, angl. *acre*, all. *acker*
Jardin : gr. χόρτος, lat. **hortus**, angl. *yard* et *garden*, all. *garten*
Hêtre : gr. φηγός, lat. **fagus**, angl. *book*, all. *buch*

Vie sociale, religieuse

Ennemi, hôte : lat. **hostis, hospes**, angl. *guest*, all. *gast*
Prêtre : sct. *brahman*, lat. **flamen** (cette parenté, traditionnelle,
  est contestée)

Nombres

Un : gr. εἷς, - ἑνός, lat. **unus**, angl. *one*, all. *ein*
Deux : gr. δύο, lat. **duo**, angl. *two*, all. *zwei*
Trois : gr. τρεῖς, lat. **tres**, angl. *three*, all. *drei*
Cinq : gr. πέντε, lat. **quinque**, angl. *five*, all. *fünf*
Sept : gr. ἑπτά, lat. **septem**, angl. *seven*, all. *sieben*

2. RACINES ET FAMILLES DE MOTS

À côté des mots isolés, des familles entières de mots se formèrent
à partir de ce qu'on appelle une **racine**.

Celle-ci est un être théorique reconstitué par la linguistique
comparée. Unité de base monosyllabique composée le plus souvent
d'un noyau vocalique entre deux consonnes (parfois réduites à une
seule ou portées à trois), elle admet une alternance entre les deux
timbres *e* et *o* (degré plein) et son effacement pur et simple (degré
zéro) ; pour les radicaux à voyelle initiale, on postule la chute
d'une consonne laryngale conservée seulement dans les langues
anatoliennes et donnant naissance, selon qu'elle est notée h_1, h_2 ou
h_3, aux trois voyelles *e*, *a* et *o*.

En renvoyant le lecteur désireux d'aller plus loin aux études
de phonétique et de phonologie qui au cours du siècle dernier ont
connu un remarquable essor, nous l'avertissons que tout au long
de ce manuel nous userons d'un système de notation simplifié où,
à la forme reconstituée par les spécialistes, par exemple *h_2ek-*, sera
préférée la forme *ak-*.

Porteuse de l'identité du mot, la racine n'existe jamais isolée dans la langue, c'est pourquoi on l'écrit le plus souvent avec un astérisque (*), mais, avec divers élargissements, préfixes, suffixes et terminaisons, elle est à l'origine d'une pluralité de mots, noms, adjectifs et verbes, qui forment une **famille**.

C'est ainsi que sur la racine *ak-*, qui signifie « piquer », on forme les noms qui désignent l'aiguille (*acus*), la pointe (*acies*), le vinaigre (*acetum*), le verbe aiguiser (*acuere*), ou, sur la racine *per/por*, qui porte le sens de « traverser », les mots signifiant le port (*portus*), la porte (*porta*), l'épreuve ou le danger (*periculum*), et le verbe qui signifie éprouver (*experiri*) :

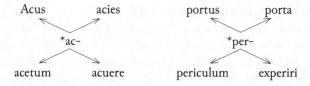

Il y a beau temps que les spécialistes du langage se sont avisés des avantages que présentait la notion de familles de mots pour l'apprentissage de la langue. Le premier, on l'a dit, à en faire le principe d'organisation de son *Dictionnaire étymologique et raisonné des racines latines* (1780) est Antoine Court de Gibelin, précurseur génial mais né trop tôt (comme beaucoup de ses contemporains, il voyait dans la langue celtique la langue des origines). Court a été suivi un siècle plus tard par Michel Bréal et Anatole Bailly, dont les *Leçons de mots* (1881) sont sous-titrées *Les mots latins groupés d'après le sens et l'étymologie* (Bailly est aussi l'auteur du fameux dictionnaire grec, dont la première édition date de 1895). Rappelons que *Les Mots latins* de Fernand Martin, sans renvoyer à ces devanciers, obéissent au même principe ; du moins son auteur avait-il, à la date (1941) où il a écrit, l'avantage de se fonder sur le *Dictionnaire étymologique de la langue latine* d'Alfred Ernout et Antoine Meillet

(1932, 2ᵉ éd. 1939). Nous exploitons nous-mêmes dans les pages qui suivent cet indispensable ouvrage dans sa quatrième édition révisée et enrichie par Jacques André en 1985 et réimprimée en 2001, une année après la parution du nouveau grand Gaffiot, le fameux *Dictionnaire latin-français* créé par Félix Gaffiot en 1934 et désormais respectueux des derniers arbitrages grâce aux soins prudents de Pierre Flobert.

A

ak-, pointe, piquant (gr. ἀκμή, all. *ecke*, angl. *edge*) : donne en latin les noms **acetum, i** (vinaigre), **acies, -iei** (pointe, tranchant : *acies oculorum,* pénétration du regard ; mil. armée en ligne de bataille), **acus, -us** (aiguille) ; les adjectifs **acer, -cris, -cre** (pointu, aigu, piquant : cf. fr. acribie, acrimonie), **acidus, -a, -um** (acide), **acerbus, -a, -um** (amer, cruel, d'où **acerbitas, -tatis**), **acutus, -a, -um** (pointu) ; l'adverbe **acriter** (vivement, énergiquement) ; le verbe **acuo, -ere** (aiguiser) ; le nom **aculeus, -ei** (aiguillon : cf. Sénèque, *De la clémence* : le roi des abeilles, *rex ipse sine aculeo est,* « le roi lui-même n'a pas d'aiguillon » ; ce sera le mot de la devise portée par Louis XII entrant à Gênes en 1507).

ag-, pousser devant soi, mener (gr. ἄγω) : **ago, -ere** (*agere uitam, causam, partes* : mener une vie, plaider une cause, tenir un rôle), **actio, -onis** (action, jur. plaidoyer), **actor, -oris** (agent, acteur ; jur. avocat), **agmen, -minis** (l'armée en colonne de marche), **examen, -minis** (*ex-ag-smen* : essaim, groupe d'abeilles qu'on pousse hors de la ruche ; mais aussi languette qu'on pousse sur le fléau de la balance, par suite pesée, examen), **agito, -are** (agiter, discuter), **exagito, -are** (harceler), **exigo, -ere** (pousser dehors, extraire, exiger), **abigo, -ere** (pousser loin de), **subigo, -ere** (mettre sous le joug), **cogo, -ere** (co-ag-ere : forcer, contraindre), **cogito, -are** (*co-ag-itare* : rouler des pensées, réfléchir), **dego, -ere** (de-ag-ere : passer son temps, sa vie), **pergo**, **-ere** (mener jusqu'au bout, persister), **indago**, **-inis** (action d'acculer le gibier, puis investigation, enquête), **ambiguus**, **-a**, **-um** (ce qui peut pencher d'un côté ou d'un autre), **ambages**, **-um** (pl. détours, circonlocutions), **prodigium**, **-ii** (signe mis en avant par les dieux ; prodige).

aidh-, idée de brûler (gr. αἴθω, αἰθήρ) : sg. **aedes**, **-is** (le temple, où l'on brûle l'encens), pl. **aedes**, **-ium** (le foyer, la maison) et les dérivés **aedicula**, **-ae** (petit temple ou petite maison), **aedificium**, **-ii** (construction d'un bâtiment, puis le bâtiment), **aedifico**, **-are** (édifier), **aedilis**, **-is** (édile, magistrat qui s'occupe des constructions) et **aedilitas**, **-atis** ; **aestas**, **-atis** (l'été) et l'adj. **aestiuus**, **-a**, **-um** ; **aestus**, **-us** (la chaleur brûlante).

al¹- et *ol-*, nourrir, faire grandir (gr. ἀλδαίνω, angl. *old*, all. *alt*) : avec le vocalisme *a* : **alo**, **-ere** (nourrir), **almus**, **-a**, **-um** (nourricier : cf. l'*alma mater*, pour désigner l'Université), **adultus** (adulte), **alumnus**, **-i** (nourrisson, élève), **alimentum**, **-i** (l'aliment) ; **altus**, **-a**, **-um**, **altitudo**, **-inis** (élevé, haut, profond ; hauteur, profondeur), **altum**, **-i** (poét. : la haute mer) ; et avec le vocalisme *o* : **adolesco**, **-ere** (grandir, se développer), **adolescens**, **-entis** (adolescent), **exolesco**, **-ere** (devenir hors d'usage), **abolesco**, **-ere** (dépérir, d'où abolition), **indoles**, **-is** (caractère naturel, tempérament), **proles**, **is** (progéniture), d'où **proletarius**, **-ii** (prolétaire, le citoyen de la dernière classe, non propriétaire, dont la richesse est limitée à ses enfants), **suboles**, **-is** (rejeton, descendance).

al²-, autre (gr. ἄλλος) : **alius**, **-a**, **-um** (autre : cf. fr. alien, aliéné, aliénation), **aliquis**, **-a**, **id** (quelqu'un, quelqu'une, quelque chose), **alienus**, **i** (d'autrui, étranger) ; **alter**, **-a**, **-um** (l'autre de deux, second ; cf. fr. altérité), **alteruter**, **-a**, **-um** (l'un ou l'autre), **aliter** (adv. autrement), **alibi** (adv. ailleurs : cf. fr. un alibi), **aliunde** (d'ailleurs), **altero**, **-are** (changer), **adultero**, **-are** (corrompre), d'où **adulter**, **-eri**, **adultera**, **-ae**, **adulterium**, **ii** (adultère) ; **altercor**, **-ari** (se disputer), **altercatio**, **-onis** (altercation) ; **ultra** (plus loin : cf.

Plus ultra, « *Plus oultre* », devise choisie par Charles Quint, associée aux colonnes d'Hercule), **ulterior** (plus éloigné), superl. **ultimus, -a, -um** (le dernier).

*_angh-_, serrer la gorge (gr. ἄγχω, ἄγχι, all. *angst*) : **ango, -ere** (serrer, tourmenter), **angustus, -a, -um** (étroit), **angustiae, -arum** (passage étroit, défilé, état précaire, situation critique, cf. le nom de la cité d'Ancône dans Montaigne, *Journal de voyage* : « Ancône s'appelait ainsi d'un mot grec, pour l'encoignure que la mer fait en ce lieu ; car ses deux cornes s'avancent et font un pli enfoncé »), **anxius, -a, -um** (angoissé) ; **angina, -ae** (angine) ; **angor, -oris** (angoisse, tourment), **anxius, -a, -um** (angoissé) et **anxietas, -atis**.

*_ani-, ane-_, souffle (gr. ἄνεμος) : **animus, -i** (esprit), **anima, -ae** (âme), **animal, -alis** (être vivant), **exanimis, -is, -e** (mort), **animosus, -a, -um** (courageux), **magnanimus, -a, -um** (magnanime), **unanimitas, -atis** (unanimité), **aequanimitas, -atis** (égalité d'âme), **animadverto, -ere** (tourner son attention vers, remarquer, puis blâmer, punir).

*_ank-, ang-, onk-_, courber (gr. ἀγκών, ἀγκύρα, ὄγκος, angl. *angle*) : **uncus, -i** (crochet), **angulus, -i** (angle), **ancora, -ae** (ancre) par l'intermédiaire du grec.

*_ant-_, devant, avant (all. *antworten*) : **ante** (prép. avant), **antea** (adv. avant), **antequam** (conj. : avant que), **anterior** (antérieur, précédent), **antiquus, -a, -um, antiquarius, -a, -um** (antique ; masc. antiquaire), **antistes, -titis** (préposé, chef, puis prêtre).

*_ar-, er-, or-_, jointure, arrangement (scr. *rta-m*, gr. ἀρμός, ἄρθρον, ἄρμα, ἀριθμός, ἀρέσκω, ἀρετή, ἀρμόζω, angl. *arm*, all. *arm*) : **armus, -i** (épaule, bras), **arma, -orum** (les armes, armes défensives par opposition aux armes de jet, **tela**), **armatus, -a, -um** (armé), **armilla, -ae** (bracelet) ; **artus, -us** (subst. articulation, membre), **artus, -a, -um** (adj. ajusté, serré) ; **ars, -tis** (talent, art), **artifex, -ficis** (artisan), **iners, -tis** (sans métier, paresseux, inactif)

et **inertia, -ae** ; **ritus, -us** (rite religieux, coutume ; à l'abl. + gén. :
à la manière de). On mettra à part : **ordior, -iri** (ourdir, tramer,
commencer), **ordo, -inis** (trame, ordre), **primordia, -orum** (pl. :
premiers commencements ; cf. fr. primordial), **orno, -are** (équiper),
ornamentum, -i (ornement).

atn-, an (gr. ἐνιαυτός, got. *aθnam*, ombr. *acnu*) : **annus, -i**
(l'année), **annalis, -is, -e** (qui a lieu tous les ans ; les *Annales, s.e.
libri* : livres écrits tous les ans pour relever les faits de l'année),
quinquennis, -is, -e (de cinq ans), **perennis, -is, -e** (qui dure toute
l'année, puis éternel), **quotannis, -is, -e** (qui arrive tous les ans),
biennium, -ii, triennium, -ii, quadriennium, -ii (durée de deux,
trois, quatre ans), **anniversarius, -a, -um** (anniversaire).

ara-, labourer (gr. ἄροτρον) : **aro, -are, arator, -oris** (labourer,
le laboureur), **aratrum, -i** (la charrue), **arua, -orum** (les champs
labourés), les prêtres **arvales**, qui demandent aux dieux de bonnes
récoltes pour le champs.

arg-, blancheur, éclat (gr. ἀργός, ἄργυρος) : **argentum, i**
(argent), **argilla, -ae** (argile blanche). On en a rapproché sans certitude **arguo, -ere** (rendre clair, prouver), **redarguo, -ere** (réfuter),
argumentum, i (preuve), **argutus, -a, -um** (clair, aigu), **argutiae,
-arum** (finesses ; cf. fr. arguties).

ark-, contenir, écarter (gr. ἀρκέω) : **arceo, -ere** (contenir,
retenir), **arx, -xis** (citadelle), **arca, -ae** (coffre), **arcanus, -a, -um**
(secret), **coerceo, -ere** (contraindre), **exerceo, -ere** (travailler une
chose sans relâche, former par des exercices, exercer, pratiquer),
exercitatio, -onis (exercice), **exercitus, -us** (l'armée). En séparer le
mot **arcus, -us** (arc, puis arche, voûte) qui, désignant une arme non
noble, n'aurait pas laissé de trace dans la société indo-européenne
aristocratique.

as- ou *ar-* ou, avec élargissement, *ard* : brûler (angl. *ashes*, all.
asche) : **areo, -ere** (être sec), **aresco, -ere** (se dessécher), **aridus,**

-a, -um (desséché, aride) et **ariditas, -atis** ; **ardor, -oris** (chaleur ardente, fig. ardeur), **ardeo, -ere** (brûler, phys et mor.), **ara, -ae** (autel, où l'on brûle l'encens).

*aug-, faire croître (gr. αὔξω, αὐξάνω) : **augeo, -ere** (augmenter), msc. **augur, -uris**, n. **augurium, -ii** (augure), **augustus, -a, -um** (auguste), **auctor, -oris** (garant, auteur) et **auctoritas, -atis** (garantie, autorité, prestige), **auctio, -onis** (vente aux enchères), **auxilium, -ii** (aide), **auxiliares, -ium** (les troupes auxiliaires).

*avi-, oiseau (védique *veh*, gr. αἰετός, l'aigle, l'oiseau par excellence) : **auis, -is** (oiseau), **auca, -ae** = *auica* (l'oie), **auceps, -ipis** = *auiceps* (l'oiseleur), **auspex, -icis** = *auispex* (celui qui consulte le vol des oiseaux), **auspicium, -ii**, prise des auspices

B

*bha-, parler (gr. φᾱμι, φῆμι) : **for, -ari** (parler), **facundus, -a, -um** (éloquent), **fabula, -ae** (propos, conversation, récit sans vérité historique, fable, mais aussi spéc. pièce de théâtre), **fabulor, -ari** (converser, raconter, inventer), **fama, -ae** (la renommée, la rumeur, personnifiée par Virgile sous la forme d'un volatile emplumé doué d'une centaine d'yeux, d'oreilles, de langues et de bouches qui s'expriment), **infans, antis** (l'enfant, celui qui ne parle pas), **fateor, -eri** (avouer), **confiteor, -eri** (avouer, puis chrét. confesser sa foi), **profiteor, -eri** (déclarer publiquement), **infitias, -ire** (nier), **fatum, -i** (prédiction, oracle, puis destin), **infandus, -a, um** (qui ne doit pas être raconté, abominable), **nefandus, -a, -um** (indicible)

*beydh-, persuader (gr. Peitho, déesse de la Persuasion, πείθομαι, angl. *bid*, all. *bitten, Gebet*) : **fido, -ere** (avoir confiance), **fides, -ei** (confiance, fidélité, n.p.c. avec pl. *fides, -ium*, la lyre), **perfidus, -a, -um** (déloyal, perfide), **fœdus, -eris** (le pacte) *bher-, porter (angl. *bear, birth, born, burden*, all. *gebären*, mettre au monde) : **fero, -erre** (porter), **ferculum** (ce qui sert à porter : plat, civière), **confero, -erre** (rapprocher, comparer), **differo, -erre** (disperser, différer ; intr. être différent), **se efferre** (s'enorgueillir), **offero, -erre** (offrir), **fors, -tis** (hasard : ce qui s'apporte), et les trois adverbes **forsan, forsitan, fortasse** (peut-être), **fortuna, -ae** et, personnifiée, **Fortuna, -ae** (la fortune, la Fortune), **fortuitus, -a, -um** (qui arrive par hasard) ; **fur, -is** (le voleur, celui qui emporte), **furor, -ari, furtum, -i** (voler, le vol : cf. fr. *furtif*), enfin les composés **frugifer, -era, -erum, letifer, -era, -erum** (qui porte des fruits, qui porte la mort), les suffixés **ferax, -acis, fertilis, -is, -e** (fécond)

C (voir K)

D

dam- /om-, dompter (gr. δαμάζω, ἀδάμας, angl. *tame*, all. *zähmen*) : **domo, -are** (dompter), **indomitus, -a, -um** (indompté)

dap- > dam-/dem-, perte, dommage (gr. δαπάνη, dépense) : **damnum, i** (= *da-pn-um* : dommage), **damno, -are** et **condemno, -are** (condamner), **damnosus, -a, -um** (coûteux), **indemnis, -is, -e** (indemne)

dei-, briller (gr. Ζεύς, le dieu de la lumière) : **dies, -ei** (le jour), **deus, -ei, diuus, -i** (dieu), **Diana, -ae** (Diane, la lune, la lumineuse), **Jovis, -is** (= *diouis* : Jupiter), **diues, -itis** (riche : ce sont les dieux qui accordent les richesses, **diuitiae, -arum**)

deik-/dik-, montrer (gr. δείκνυμι) : **dico, -ere** (dire), **digitum, -i** (le doigt), **index, -icis** (qui indique, révélateur, puis catalogue), **indico, -are** (indiquer), **indico, -ere** (*bellum*, déclarer la guerre), **edico, -ere** et **edictum, -i** (édicter, édit), **praedico, -ere** (prédire),

addico -ere (adjuger, dédier, attribuer), **dico, -are** (consacrer), **indicium, -ii** (indice, trace), **iudex, -icis, iudicium, -ii** (juge, jugement), **condicio, -onis** (situation, condition), **dicto, -are** (dire en répétant, composer, prescrire), **dictator** (dictateur, magistrature suprême)

*_dek-/dok-_, recevoir (gr. δέχομαι) : **decet** (il convient), **decus, -oris** (tout ce qui sied, parure, gloire), **decor, -oris** (beauté) et **decorus, -a, -um** (beau), **dignus, -a, -um** (digne) et **dignitas, -atis** (dignité) ; **disco, -ere** (apprendre), **doceo, -ere** (faire apprendre, enseigner), **discipulus, -i** (l'élève), **disciplina, -ae** (action d'apprendre, éducation, discipline)

*_dem-_, bâtir, maison (gr. δόμος, maison, δεσπότης, maître) : **domus, -us** (la maison), **dominus, -i** (le maître de maison)

*_dhe-/dho-/dha-_, poser, placer (angl. _deed, do_, all. _tun, tat_) : a donné en latin des radicaux en _do_ : **condo, -ere** (mettre ensemble, fonder : _ab Vrbe condita_, depuis la fondation de la Ville, _i.e._ Rome), **abdo, -ere** (mettre à l'écart, cacher), **credo, -ere** (pour _cred-do_, placer sa confiance, croire, penser) ; et aussi des radicaux en _fa_- et, avec élargissement, _-fac_ : **facio, -ere** (faire), **facinus, -oris** (acte commis, gén. en mauvaise part : crime), **facilis, -is, -e** (aisé), **facies, -iei** (aspect, figure, face : façon d'être placé), **superficies, -iei** (surface), **proficio, -ere** (intr. progresser, mais aussi être utile), **officio, -ere** (faire obstacle, entraver), **adficio, -ere** (gratifier, infliger, disposer), **adfectus, -a, -um** (affecté, e.g. _morbo_) ; **artifex, -icis** (artisan), **artificium, -ii** (métier, art, travail artistique), **aedificium, -ii** (édifice)

*_deuk-_, mener, conduire : **duco, -ere** (conduire, estimer, spéc. épouser), **dux, -ucis** (chef, d'où en italien le Duce), **adduco** (attirer), **reduco, -ere** (ramener), **redux, -ucis** (de retour), **induco, -ere** (amener à), **educo, -ere** (faire sortir, élever, par ex. des enfants)

*_dheigh-_, modeler (gr. τεῖχος, all. _teig_, angl. _dough_, pâte) : **fingo, -ere, -ctum** (modeler, inventer), **fictio, -onis** (création, fiction),

figulus, -i (potier), **figura, -ae** (chose façonnée, figure, puis rhét. figure de style), **effigies, -iei** (portrait, statue)

*do-, donner (scr. *dadami*, gr. δίδωμι) : **do, dare** (donner), d'où **donum, -i, dos, -tis, dono, -are** (cadeau, don, offrir), les verbes dérivés **addo, -ere** (ajouter), **edo, -ere** (faire sortir, publier, n.p.c. avec *edo, -ere* ou *esse*, manger), **reddo, -ere** (rendre), **perdo, -ere** (détruire, perdre), **prodo, -ere** (dévoiler, trahir, mais aussi transmettre), **trado, -ere** (transmettre, livrer, mais non trahir comme le laisserait penser la formule *traduttore traditore*), **subdo, -ere** (soumettre, cf. *subditi*, les sujets ; substituer), **praeditus, -a, -um** (doué de), **se dedere** et **deditio, -onis** (se rendre, reddition), n.p.c. avec la racine **dhe-* de *condo, -ere*, fonder

E

*ed-, d-, manger (gr. ἔδω, ἐσθίω, ὁδούς, angl. *eat*, *tooth*, all. *zahn, essen*) : **edo, -ere, comedo, -ere** (manger), **edax, -acis** (vorace), **esurio, -ere** (avoir faim), **esca, -ae** (appât), **obesus, -a, -um** (obèse), **prandium, ii** (*pram-edium*, repas), **dens, -tis** (la dent)

*er-, se lever, courir, couler, exciter (gr. ὁρμή, ὄρος, angl. *raise, run*, all. *rennen, reisen*) : **orior, -iri** (se lever, naître), **riuus, -i** (ruisseau), **riualis, -is, -e** (riverain, rival)

F

*fe-, téter, traire (gr. τιθήνη, la nourrice) : **femina, -ae** (femme, femelle), **fecundus, -a, -um** (qui a toutes les facilités pour allaiter, puis fécond), **fetus, -us** (action de mettre bas, petit de l'animal, puis productions de la terre, ou de l'esprit), peut-être **filius, -ii** (celui qui tète, le fils), **felix, -icis** (qui donne du lait, heureux, propice)

*flag-, racine onomatopéique imitant le bruit du fouet (v. isl. blaka) : **flagrum, -i** (fouet), **flagello, -are** (fouetter), **flagito, -are** (réclamer à cor et à cri), **flagitium, -ii** (action déshonorante, infamie)

*frag-, briser (all. *brechen*, angl. *break*) : **fragilis, -is, -e** (cassable, fragile), **fragmentum, -i** (fragment), **naufragium, -ii** (bris du navire, naufrage), **suffragor, -ari** (voter pour : on votait avec des bâtonnets brisés)

G

*gel-, froid (angl. *cold*, *cool*, all. *kalt*, *kühl*) : **gelu** (indéclinable : gel), **gelidus, -a, -um** (glacé), **glacies, -iei** (la glace)

*gen-, naître, engender (gr. γένος, angl. *kin*, *kind*, all. *kinn*, *kind*) : **gigno, -ere** (engendrer), **genius, -ii** (le génie), **gens, -entis** (la race), **ingenium, -ii** (le naturel, le caractère), **indigena, -ae** (indigène), **benignus, -a, -um** (bienveillant : *bene+-gnus*, vient de *gigno*, comme le contraire, **malignus**), **germen, -inis** (graine), **germanus, -a, -um** (naturel, authentique, de frère germain, fraternel) ; **(g)nascor, -sci** (naître), **natura, -ae** (la nature) et **naturalis, -is, -e** (naturel), **cognatus, -a, -um** (parent), **praegnans, -antis** (enceinte)

*gen-, mâchoire, joue, menton (scr. *hanuh*, gr. γνάθος, irl. *gin*, angl. *chin*) : **genae, -arum** (les joues)

*gen-/gon-/gn-, connaître (gr. γιγνώσκω, angl. *can*, *know*, all. *können*, *kennen*) : **(g)nosco, -ere, cognosco, -ere** (connaître), **ignoro, -are** (ignorer), **ignosco, -ere** (pardonner), **agnosco** (reconnaître), **recognosco, -ere** (reconnaître), **gnarus, -a, -um** (informé et connu), **ignarus, -a, -um** (ignorant et inconnu), **narro, -are** (faire connaître, conter), **nota, -ae** (marque, notamment marque d'infamie, flétrissure), **noto, -are** (marquer), **nobilis, -is, -e** (connu, célèbre, noble), **ignobilis, -is, -e** (obscur, de basse naissance), **nobilitas, -atis** (célébrité, noblesse, aristocratie)

ger-, assembler (gr. ἀγείρω, ἀγορά) : **grex, -gis** (le troupeau), **aggrego, -are** (adjoindre), **congrego, -are** (rassembler), **agger, -eris** (entassement, mil. rempart)

grad-, marcher (lit. *gridiju, griditi*) : **gradior, -di** (marcher), **gradus, -us** (pas, marche, degré, grade), les dérivés **aggredior, -i** (attaquer), **congredior, -i** (en venir aux mains), **digredior, -i** (s'éloigner), **ingredior, -i** (entrer), **regredior, -i** (revenir sur ses pas), **progredior, -i** (avancer) et **progressus, -us** (avancée, progrès)

H

hiw-, membres de la famille (got. *heiw-*) : **ciuis, -is** (citoyen), **ciuitas, -atis** (cité), **ciuilis, -is, -e** (civil).

I

ei-, aller (gr. εἶσι, ἴασι) : **eo, ire** (aller), et les dérivés **adeo, -ire** (aller vers, aborder), **abeo, -ire** (s'éloigner), **praeo, -ire** (précéder), d'où **praetor, -oris, praetura, -ae, praetoriani, -orum** (préteur, préture, prétoriens), **praetereo, -ire** (passer outre, omettre) **redeo, -ire** (revenir), d'où **reditus, -us** (le retour), **intereo, -ire** (trépasser), d'où **interitus, -us** (la mort), **subeo, -ire** (aller sous, arriver), d'où l'adjectif **subitus, -a, -um** (subit), **ambeo, -ire** (faire le tour), d'où **ambitio, -onis** (ambition) et **ambitus, -us** (détour, pourtour, et aussi la brigue, qui consiste à faire le tour des électeurs : voir la troisième partie) ; avec élargissement en *t* : **iter, -ineris** (le chemin), **comes, -itis** (compagnon, plus tard comte), **comitium, -ii** (lieu de réunion, les comices), **seditio, -onis** (sécession, dissension), d'où **seditiosus, -a, -um** (factieux, séditieux)

J (Y)

*ye-, jeter (gr. ἵημι, de *yi-ye-mi*) : **iacio, -ere** (transitif, avec *e* court : jeter), **iaceo, -ere** (intr., avec *e* long : être gisant, comme quelqu'un de jeté), **iaculum, -i** (javelot), **iaculor, -ari** (jeter), **adiicio, -ere** (ajouter), **deiicio, -ere** (jeter du haut en bas)

*yeug-, yug-, joug (gr. ζυγόν) : **iugum, -i** (le joug), **iugis, -is, -e** (adj. uni, continu, qui dure toujours), **iugera, -um** (plur. arpent, mesure labourée en un jour par un attelage), **iumentum, -i** (attelage), **subiugo, -are** (mettre sous le joug, subjuguer), **coniux, -ugis** (époux ou épouse)

*yuvn-, jeune (angl. *young, youth*, all. *jung, jugend*) : **iuuenis, -is** (jeune homme), **iuuentus, -us** (la jeunesse), **iuniores, -um** (comp., les jeunes, par opposition à **seniores**, comp. de **senex**, les anciens)

K

*kad-, tomber : **cado, -ere** (tomber), adj. **caducus, -a, -um** (prêt à tomber, caduc), **casus, -us** (chute, puis hasard), **occido, -ere** (mourir), **recidiuus, -a, -um** (qui retombe, récidive, revient, renaît), **cadauer, -eris** (corps mort, cadavre)

*kaed-, kid-, séparer (all. *scheiden*) : **caedo, -ere** (couper, tailler, mil. tailler en pièces, tuer), d'où **caedes, -is** (massacre), **homicidium, -ii** (homicide), **occido, -ere** (tuer), **caesura, -ae** (taille des arbres ; poét. césure), **scindo, -ere** (diviser)

*kan-, chanter (gr. ἠι-κανός, qui chante à l'aurore, épithète du coq, irl. *canim*) : **cano, -ere**, fréq. **canto, -are**, **cantus, -us** (chanter, chant), **canticum, -i** (récitatif, chant magique, cantique), **tubicen, -inis** (joueur de trompette, tuba), sans doute **carmen, -inis** (= *can-men* : chant magique, puis poème ; cf. le recueil *Charmes* de Paul Valéry)

kand-, kond-, briller, brûler (scr. *candrah*, brillant, *candati*, il éclaire) : **candeo, -ere** (être embrasé et par suite d'une blancheur éclatante), **candidus, -a, -um** (blanc brillant) et subst. **candor, -oris, incendo, -ere** (enflammer) et subst. **incendium, -ii, candelabrum, -i** (candélabre), **candidatus, -a, -um** (le candidat, en toge blanchie à la craie)

kap-, saisir (gr. κώπη, poignée, manche, κάπτω, happer avidement) : **capio, -ere** (prendre), **capto, -are** (chercher à prendre, à surprendre, capter, par ex. un testament), **capesso, -ere** (prendre, entreprendre), **captiuus, -a, -um** (prisonnier), **accipio, -ere** (recevoir, apprendre), **incipio, -ere** (commencer), **intercipio, -ere** (intercepter), **decipio, -ere** (tromper), **percipio, -ere** (percevoir), **praecipio, -ere** (prescrire), **recipio, -ere** (reprendre, retirer ; **receptus, -us**, la retraite), **aucupor, -ari, auceps, -cipis** et **aucupium, -ii** (construits sur *auis*, l'oiseau, et *capio* ; d'où attraper les oiseaux, oiseleur, chasse à l'oiseau, oisellerie, cf. Térence, *L'Eunuque* : *Hoc nouum est aucupium*, « Voici une nouvelle manière de piper les gens »), **occupo, -are** (s'emparer de), **capax, -acis** (qui contient, large), **capacitas, -tatis** (capacité, puis aptitude)

kas-, couper, émonder (sct. *castram*, instrument tranchant, gr. κεάζω, fendre) : **castro, -are** (amputer, châtrer), d'où **castratus, -a, -um, castratio, -ionis**, pl. **castra, -orum** (retranchement, camp retranché), **castellum, -i** (fortin). Isidore établit un rapport (abusif) entre **castro** et **castus, -a, -um** (chaste) et ses dérivés, **incestus, -a, -um** (impur, incestueux), **castigo, -are** (corriger, châtier)

kel-, crier (gr. καλέω, ἐκκλησία, all. *hall, holen*) : **calo, -are** (convoquer, proclamer), **calendae, -arum** (calendes, premier jour du mois, où l'on proclamait si les nones tombaient le 5ᵉ ou le 7ᵉ jour), **concilium, -ii** (assemblée) ; **clamo, -are** (crier), **clarus, -a, -um** (clair, sonore, célèbre), **classis, -is** (appel du peuple par classes, puis classe sous les armes, et spéc. flotte), **classicum, -i** (trompette pour appeler), **classicus, -i** (citoyen de la première classe).

Que penser de cette définition de l'écrivain classique : « Un classique, c'est un écrivain que l'on étudie en classe, un point c'est tout » (Roland Barthes) ?

*kel-, cacher (gr. καλύπτω, angl. *helmet*, all. *helm*) : **celo, -are** (cacher), **cella, -ae** (cellier, chambrette), **clam** (adv. en cachette), **clandestinus, -a, -um** (qui se fait en cachette), **cilium, -ii** (cil ; cf. Isidore : *cilia, quod celent oculos,* « les cils, parce qu'ils cachent les yeux »), **supercilium, -ii** (sourcil)

N.p.c. avec :

*kel-, kol-, élever (gr. κολωνός, monticule, nom d'une localité près d'Athènes où est né Sophocle, qui y place sa tragédie, Œdipe à Colone, angl. *hill*) : **collis, -ii** (colline), **celsus, -a, um** (élevé) et les dérivés **praecello, -ere, excello, -ere** (exceller, être supérieur) et **excellentia, -ae, culmen, -inis** (toit, faîte), **columna, -ae** (colonne)

N.p.c. avec :

*kel-, kol-, frapper (gr. κλάω, briser) : **percello, -ere,** supin **perculsum** (culbuter, terrasser), **clades, -is** (désastre), **calamitas, -tatis** (fléau qui endommage la moisson, désastre)

*ker-, dur, corne (gr. κάρα, κρανίον, κέρας, angl. *horn*, all. *hirn, horn*) : **cerebrum, -i** (tête, crâne), **ceruix, -icis** (nuque) ; **cornu, -us** (corne), **ceruus, -i** (cerf, l'animal qui a la tête pourvue de cornes)

*kerd-, cœur (gr. καρδία, angl. heart all. *herz*) : **cor, -ordis** (le cœur), **recordor, -ari** (se rappeler), **concordia, -ae** (concorde), **discordia, -ae** (discorde)

*ker-, couper (gr. κείρω, all. *kurz*) : **carpo, -ere** (brouter, d'où soit déchirer, soit cueillir, goûter ; cf. le conseil d'Horace, *Carpe diem,* « Cueille le jour » ; le personnage du *Satyricon,* le roman de Pétrone, nommé Trimalchion, a un cuisinier nommé Carpus, ce qui permet au maître, avec un seul mot (*Carpe !*), de l'appeler par son nom au vocatif et, à la deuxième personne de l'impératif, de lui ordonner de découper le sanglier), **decerpo, -ere** (choisir)

ker-/kri-, séparer (gr. κρίνω) : **cribrum, -i** (crible), **cerno, -ere** (séparer, tamiser, discerner), **discretus, -a, -um** (séparé), **secretus, -a, -um** (mis à l'écart), **certo, -are** (fréqu. lutter), **certamen, -inis** (combat), **certus, -a, -um** (qui est fixé, décidé), **decretum, -i** (décision), **crimen, -inis** (tri, décision, grief, crime), **discerno, -ere** (distinguer), **discrimen, -inis** (différence, crise, péril)

ker-, kre-, pousser, croître (arm. *sermn*, semence) : **Ceres, -eris** (la déesse qui fait croître les moissons), **cresco, -ere** (croître), **creber, -bra, -brum** (dense, serré), **procerus, -a, -um** (élancé, de grande taille), **proceres, -um** (les grands, les nobles)

klaw-, clef (gr. κλαϜις, v. slav. *kljuçi*) : **clauis, -is** (clef), **clauus, -i** (clou : Richard Crashaw, poète anglais du XVIIe siècle, rendu fameux par ses *Epigrammata sacra* (1634), commente ainsi les plaies du Christ sur la croix : « Tes clous (*claui*) sont les clés (*claues*) qui nous ouvrent le ciel. » À noter que **clauus** désigne aussi la barre de gouvernail et la bande de pourpre ornant la toge, étroite pour les chevaliers, **angusticlauus, -i**, large pour les sénateurs, **laticlauus, -i**) ; **claua, -ae** (peut-être d'abord barre de fermeture, puis massue : **clauiger**, épithète d'Hercule, qui porte la massue), **claudo, -ere** (fermer), **claustra, -arum** (verrous), **clausula, -ae** (fin, conclusion, clausule)

kʷel-, circuler autour (gr. πέλομαι, βουκόλος, αἰπόλος, κύκλος) : **colo, -ere** (habiter), **incola, -ae** (habitant), **accola, -ae** (voisin), **colonus, -i** (colon), **cultura, -ae** (culture), **agricola, -ae** (paysan), **agricultura, -ae** (agriculture), **incultus, -a, -um** (inculte)

L

*leg-, lig-, choisir : **lego, -ere** (cueillir, choisir, lire), **lignum, -i** (bois à ramasser, à brûler), **collegium, -ii** (collège) et **collega, -ae** (collègue), **legio, -onis** (légion, division de l'armée recrutée au choix), **elegans, -antis** (choisi), **deligo, -ere** (choisir), **diligo, -ere** (aimer par un choix dicté par la raison), **neglego, -ere** (négliger), **intelligo, -ere** (choisir par l'esprit, comprendre ; cf. Paul Claudel : « *Intelligere* : comme on dit que le feu prend ou que le ciment prend, ou que le lac se prend en hiver, ou qu'une idée prend dans le public, c'est ainsi que les choses se comprennent et que nous les comprenons. »)

*leig'h-, lécher (gr. λείχώ) : **lingo, -ere** (lécher), **ligurio** ou **ligurrio, -ire** (être gourmand), **ligula, -ae** ou **lingula, -ae** (cuiller)

*lig-, lier : **ligo** (lier), **religio** (religion)

*legh-, être couché (gr. λέχος, λέκτρον, all. *liegen*) : **lectus, -i** (le lit), **lectica, -ae** (litière), **lectisternium, -ii** (rite consistant à dresser un lit sur lequel on installait les dieux ; cf. José Maria de Heredia, *Après Cannes* : « En vain le grand pontife a fait un lectisterne / Et consulté deux fois l'oracle sibyllin »)

*leuk-, briller (gr. λευκός, angl. *light*, all. *licht*) : **lux, -cis** (lumière du jour), **lumen, -inis** (lumière) et pl. **lumina, -orum** (les yeux), **luna, -ae** (lune, la brillante), **lustro, -are** (parcourir des yeux), **lucubro, -are** (travailler à la lumière de la lampe), **lucus, -i** (éclaircie entre les arbres : bois sacré), **lucidus, -a, -um** (brillant), **lucerna, -ae** (lampe à huile)

*lu-, délier (angl. *loose*) : **luo, -ere** (délier), **soluo, -ere** (délier, s'acquitter de)

M

me-, mov-, mouvoir, se mouvoir (scr. *mivati*, déplacer) : **moueo,
-ere** (mouvoir) et ses dérivés **admoueo, -ere** (approcher, appliquer),
amoueo, -ere (écarter), **commoueo, -ere** (émouvoir), **promoueo,
-ere** (pousser en avant), **permoueo, -ere** (mor. remuer profondément) ; **motus, -us** (mouvement, polit. mouvement de foule),
mobilis, -is, -e (mobile, agile, changeant) et **mobilitas, -atis**

med-, donner ses soins ; méditer, mesurer (gr. μέδομαι, μήδομαι,
μέδεα, angl. *mind*) : **medeor, -eri** (soigner), **medicus, -i** (médecin) ;
meditor, -tari (composer) ; **modus, -i** (mesure, moyen), **modicus,
-a, -um** (modéré), **modestus, -a, -um** (modeste), **moderor, -ari**
(régler, gouverner)

mei-, me-, mi-, moi-, moe-, mu-, changer, échanger : **meatus,
-us** (passage), **commeatus, -us** (transport), **permeabilis, -is, -e**
(qui peut être traversé), **trames, -itis** (sentier) ; avec élargissement
en *-t-* : **muto, -are** (changer), **mutuus, -a, -um** (emprunté, réci-
proque) ; avec élargissement en *-n-* : **munus, -eris** (don, pol. charge),
remuneror, -ari (récompenser), **municeps, -cipis** (citoyen d'une
ville municipale), **munificus, -a, -um** (généreux), **immunis, -is, -e**
(dispensé de toute charge, exempt), **communis, -is, e** (commun),
communico, -are (mettre en commun, partager)

men-, mouvements de l'esprit (gr. μέμνημαι, μνήμη) : **memini,
-isse, reminiscor, -sci** (se rappeler), **memento** (souviens-toi), **com-
miniscor, -sci** et **commentum, -i** (inventer, invention), **moneo, -ere**
(avertir), **monitum, -i** (avis, avertissement), **mens, -tis** (intelligence),
amens, -entis et **demens, -entis** (qui a perdu l'esprit, fou), **mentior,
-iri** (mentir), **monumentum, -i** (chose qui rappelle, monument),
monstrum, -i (prodige qui avertit de la volonté des dieux)

N.B. L'adjectif **memor, -oris** (qui se souvient) et ses dérivés, **memoria, -ae** (mémoire), **memoro, -are** (rappeler),

commemoro, -are (commémorer), **memorabilis, -is, -e** (mémorable), viennent d'une autre racine, *mer/mor*, qu'on retrouve dans le grec μέρμηρα, le souci, tout comme le parfait à redoublement **memini**, je me rappelle, impér. **memento**, souviens-toi (*Memento mori*, « Souviens-toi que tu es mortel », était l'avertissement donné au général triomphateur par l'esclave qui tenait une couronne au-dessus de sa tête).

meik-, mig-, mêler (gr. μίγνυμι, all. *mischung*) : **misceo, -ere** (mélanger), **mixtus, -a, -um** (mêlé), **promiscuus, -a, -um** (mêlé, indistinct), **miscellanea, -orum** (mélanges)

mel-, mol-, peine (gr. μῶλος, travail pénible, μόλις, avec peine) : **moles, -is** (masse écrasante), **molior, -iri** (mettre en mouvement, bâtir, entreprendre), **molestus, -a, -um** (pénible). Cf. le vers de Virgile : *Tantae molis erat Romanam condere gentem*, « Tant il fallait d'effort pour fonder la nation romaine »)

*me- *meh[1]*, mesure (gr. μῆτις, μέτρον, μήν, le mois, μήνη, la lune) : **metior, iri** (mesurer), **mensura, -ae** (mesure), **emetior, -iri** (parcourir), **mensis, -is** (le mois), **immensus, -a, -um** (sans mesure)

min-, diminuer (gr. μίνυθω) : **minus** (adv. moins), **minor, -oris** (plus petit ; *minor natu*, le plus jeune de deux, cadet), **minimus, -a, -um** (très petit), **minutatim** (adv. en petits morceaux), **minutiae, -arum** (petites choses, minuties), **minuo, -ere** (diminuer) ; **minister, -tri** (serviteur), **ministro, -are** (procurer), **administro, -are** (administrer)

mulg-, traire (all. *milch*, angl. *milk*) : **mulgeo, -ere** (traire), **promulgo, -are** (faire sortir en pressant, publier), **mulceo, -ere** (caresser, apaiser)

N

*neb-, voiler (gr. νέφος, νεφέλη, all. *nebel*) : **nebula, -ae, nubes, -is, nimbus, -i** (nue, nuage), **nubo, -ere** (épouser, litt. prendre le voile) et ses dérivés : **nuptiae, -arum** (les noces), **connubium, -ii** (le mariage)

*nek-, faire périr (gr. νέκυς, le mort ; cf. la *Nékuya* d'Homère, descente d'Ulysse aux enfers au livre XI de l'*Odyssée*) : **nex, -ecis** (mort violente), **neco, -are** (tuer), **noceo, -ere** (d'abord causer la mort, puis, par affaiblissement, nuire), **noxa, -ae** (faute) et **noxius, -a, -um** et **innoxius, -a, -um** (coupable et innocent), **pernicies, -iei** (ruine)

*neu-, faire un signe de la tête (gr. νεύω) : **nuto, -are** (faire un signe de tête, puis chanceler), **abnuo, -ere, renuo, -ere** (faire signe que non, refuser), **adnuo, -ere** (faire signe que oui), **nutus, -us** (signe d'approbation), **numen, -inis** (volonté divine, divinité)

O

*op-, activité productrice, produit de l'activité (scr. *apas*) : **opus, -eris** (ouvrage), **opera, -ae** (travail, activité, peine, et aussi l'ouvrier), **ops, -is** (moyen, puissance, richesse ; la déesse *Ops*, la Terre), pl. **opes, -um** (richesses, forces militaires), **inops, -opis** (démuni), **inopia, -ae** (manque de ressources, dénuement), **opulentus, -a, -um** (riche, abondant), **optimus, -a, -um** (superlatif de *bonus* : le meilleur), adv. **optime** (très bien) **optimates, -tium** ou **-tum** (les riches, le parti aristocratique), **copia, -ae** (abondance ; cf. *cornu copiae*, corne d'abondance) et pl. **copiae, -arum** : les troupes, **copiosus, -a, -um** (riche, abondant)

P

pag-, pak-, fixer matériellement et moralement (gr. πήγνυμι) : **pango, -ere** (enfoncer, ficher en terre, et par ext. ficher dans la cire, écrire), **palus, -i** (*pag-slus* : pieu, n.p.c. avec *palus, -udis*, marais, cf. le livre d'André Gide, *Paludes*), **pactum, -i** (fixation par un acte, pacte ; fig. à l'abl. : *hoc pacto*, de cette façon), **pax, -cis** (fixation par un acte d'un arrangement, d'où paix), **paco, -are** (pacifier), **compages, -is** (assemblage), **pagina, -ae** (page), **pagus, -i** (borne fichée en terre, d'où territoire marqué par la borne, village), **paganus, -i** (paysan, puis chr. païen)

pat-, être ouvert (gr. πετάννυμι, all. *spät*) : **pateo, -ere** (être ouvert, évident), **patulus, -a, -um** (largement déployé : cf. le premier vers de la première *Bucolique* de Virgile : *Tu, Tityre, patulae recubans sub tegmine fagi*, « Toi, Tityre, allongé au couvert de ce large hêtre »), **patefacio, -ere** (ouvrir), **spatium, -ii** (*s-pat* : espace, étendue), **spatior, -iari** (se promener), **pando, -ere** (déployer ; *passi crines*, les cheveux épars), **passus, -us** (enjambée), **passim** (adv. en se répandant, çà et là)

ped-, pod-, pied (gr. πούς, angl. *foot*, all. *fuss*) : **pes, -edis** (pied), **pedica, -ae** (entraves), **pedum** (houlette du berger, recourbée pour attraper les pattes des chèvres), **impedio, -ire** (empêcher), **expedio, -ire** (dégager d'un piège, débrouiller) ; impers. **expedit**, il est utile ; part. **impeditus, -a, -um** et **expeditus miles** (soldat chargé de bagages et soldat armé à la légère), **impedimenta, -orum** (les bagages), **repudio, -are** (repousser du pied, répudier)

per-, traverser, épreuve (gr. πέρας, πορθμός) : **portus, -us** (le port), **opportunus, -a, -um** (qui pousse vers le port, opportun) et son contraire **importunus, -a, -um** (importun) ; **porta, -ae** (porte de la ville, par opposition à *ianua, -ae*, porte de la maison) ; **porto, -are** (faire passer, transporter), et p.-ê. **periculum** (essai, épreuve, d'où danger), **peritus, -a, um** (qui a passé à travers, d'où expérimenté, habile), **experior, -iri** (expérimenter, gr. πείρω), **experientia, -ae** (expérience), **expertus, -a, -um, inexpertus** (qui a fait, n'a pas fait l'épreuve ; un adage fameux d'Érasme est intitulé *Dulce bellum inexpertis*, « La guerre est douce pour ceux qui en sont à l'abri »)

pet-, s'élancer, tomber (gr. πέτομαι, πίπτω) : **peto, -ere** (assaillir quelqu'un, se diriger vers, fig. demander), **petitio, -onis** (demande), **penna, -ae** (de *pet-s-na*, l'aile, et aussi la flèche, la plume de l'écrivain), **impetus, -us** (élan), **praepes, -etis** (qui s'élance en avant, en parlant des oiseaux), **propitius** (propice)

po-, pi-, boire (sct. *pibati*, gr. ἔπιον) : **poto, -are** (boire), part. **potus, -a, -um** (qui a bu), **bibo, -ere** (boire), **potio, -onis** (boisson)

prec-/proc-, demander (all. *fragen*) : **prex, -ecis** (prière), **precor, -ari** (prier), **precarius, -a, -um** (qu'on obtient seulement par la prière, mal assuré), **procus, -i** (celui qui demande en mariage, le prétendant), **procax, -acis** (impudent), **posco, -ere** (pour *porc-sc-o* : demander), **postulo, -are** (demander)

pug-, frapper avec un instrument qui pique : **pungo-ere** (piquer), **pugio, -onis** (poignard), **punctum, -i** (point ; *punctum temporis*, l'espace d'un instant) ; mais aussi **pugnus, -i** (le poing), **pugna, -ae** (le combat), **pugno, -are** (combattre), **pugnax, -acis** (combattif), **repugno, -are** (repousser en combattant), **expugno, -are** (prendre d'assaut), **propugnaculum, -i** (ouvrage de défense), **pugilis, -is** (athlète qui pratique le pugilat), **pugillares, -ium** (tablettes pour écrire, qui tiennent dans le poing)

R

reg-, rg-, mouvement en droite ligne (gr. ὀρέγω, angl. *right*, all. *recht, richtig*) : **rego, -ere** (diriger en droite ligne, diriger), **rectus, -a, -um, regio, -onis** (ligne droite, puis région), **regimen, -minis** (direction, règle) ; **derigo, -ere** (diriger), **corrigo, -ere** (redresser), **pergo, -ere** (poursuivre sa route), **surgo, -ere** (se dresser) ; sur **rex, regis** et ses dérivés, **regina, -ae, regnum, -i, regno, -are** (roi, reine, royaume, régner), voir l'analyse célèbre d'Émile Benveniste, *Vocabulaire des institutions indo-européennes*, II, 9-15

S

(N.B. La trace en est conservée en grec par l'esprit rude)

sal-, sauter, saillir (gr. ἄλλομαι) : **salio, -ire**, sauter, et le fréquentatif **salto, -are** (danser), **saltus, -us** (saut, puis passage étroit qu'on franchit d'un bond, défilé boisé, bois, pâturage), **salebrae, -arum** (aspérités du sol), **insulto, -are** (attaquer), **exsulto, -are** (s'échauffer, exulter), **salax, -acis** (prompt à saillir, lubrique, aphrodisiaque)

sal-, entier (gr. ὅλος, all. *allein*) : **saluus, -a, -um** (entier, intact), **salus, -utis** (bon état, salut, d'où **salubritas, -atis** et **salutaris, -is, -e**), **saluo, -are** et **saluator, -oris** (sauver et sauveur), **saluto, -are** et **salutatio, -onis** (saluer, salutation), **solidus, -a, -um** (entier)

sed- (être assis*)*, gr. ἕζομαι, angl. *sit, seat,* all. *Sitzen* : **sedeo, -ere** (être assis, siéger), **sido, -ere** (s'asseoir), n.p.c. avec *sedo, -are* (faire asseoir, apaiser, par ex. les flots), **sedes, -is** (siège, résidence), **sella, -ae** (siège, chaise à porteurs : *sella curulis,* chaise curule), **sedile, -is** (siège), et les dérivés : **desideo, -ere** (être paresseux, inactif), **dissideo, -ere** (être en dissidence), **obsideo, -ere** (assiéger), **praesideo, -ere** (présider), **assiduus, -a, um** (assidu, continu, continuel), **insidiae, -arum** (embuscade)

*sek*ʷ*-*, suivre (gr. ἕπομαι) : **sequor, -i** (suivre) et ses dérivés, **secus** (prép. en allant dans le sens, selon) et **secundum** (prép. selon, après), **secundus, -a, -um** (qui va dans le sens, favorable, mais aussi second, inférieur) ; **secta, -ae** (suite, secte), **socius,**

-a, -um (compagnon ; pol. pl. socii, -orum, les alliés), socialis,
-is, -e (qui concerne les alliés : la guerre sociale), obsequor, -qui
(obéir, d'où obsequium, -ii, complaisance et obsequiosus, -a, -um,
complaisant, déférent), exsequor, -qui (suivre jusqu'au bout, d'où
exsequiae, -arum, obsèques)

*ser-, entrelacer (gr. εἴρω, ὅρμος) : sero, -ere, sup. sertum,
-i (serere ou conserere manus, en venir aux mains), series, -iei
(enfilade, enchaînement, série), sermo, -onis (échange de propos,
conversation), assero, -ere (défendre dans un procès), desero, -ere
(lâcher, déserter), dissero, -ere (exposer), insero, -ere (greffer,
insérer), praesertim (adv. en avant de la série, surtout), serta,
-orum (tresses, guirlandes, couronnes)

*se-, sa-, si-, semer (angl. to sow, seed) : sero, -ere, sup. satum
(semer : cf. Virgile : Sate sanguine diuum, « toi qui es sorti du sang
des dieux »), semino, -are (semer), dissemino, -are (disperser),
semen, -inis (semence), seminarium, -ii (pépinière)

*skid-, couper (gr. σχίζω, scr. chinati, all. scheiden) : scindo,
-ere (déchirer, couper, séparer)

*spek-, voir, regarder (gr. σκέπτομαι) : a(d)spicio, -ere (regarder)
et a(d)spectus, -us (regard, vue), inspicio, -ere (examiner), specto,
-are (regarder), spectator, -oris (spectateur), spectaculum, -i (spectacle), species, -iei (aspect, apparence, puis beauté), speciosus, -a,
-um (beau), spectrum, -i (spectre, simulacre), specimen, -minis
(échantillon), specula, -ae (observatoire), speculor, -ari (guetter),
speculator, -oris (éclaireur), speculum, -i (miroir), auspex, -icis,
haruspex, -icis (prêtre qui consulte le vol des oiseaux, aves ; des
entrailles, étr. haru)

*sta-, se tenir debout (gr. ἵστημι, angl. stay, stand, steady, all.
stehen) : sto, -are (se tenir debout, ferme), statio, -onis (station,
résidence), sisto, -ere (s'arrêter, arrêter), exsisto, ere (se dresser,
exister, apparaître), prosto, -are (se tenir en avant, se mettre

en vente, se prostituer), **consto, -are** (être établi : *constat*, il est reconnu que ; **sibi constare**, s'en tenir à ce qu'on a dit, d'où adj. part. **constans, antis** : ferme, inébranlable, mais aussi coûter : **magno constat**, cela coûte cher), **praesto, -are** (être en tête, l'emporter), n.p.c. avec *praesto, -are* (trans., procurer), **stabilis, -is, -e** (stable), **stabulum, -i** (étable), **status, -us** (façon d'être, état), **statim** (adv. sur place, sur le champ), **statua, -ae** (statue), **justitium, -ii** (vacance des tribunaux), **solstitium, -ii** (solstice), **superstes, -itis** (survivant)

*ster-, étendre (gr. στόρνυμι, στρῶμα (cf. les *Stromates, Tapisseries,* titre d'un ouvrage de Clément d'Alexandrie), στρατός (armée déployée), angl. *street*, all. stroh) : **sterno, -ere** (étendre), **strata via** (chaussée, route), **stramentum, -i** (litière de paille), **strages, -itis** (jonchée, puis massacre), **consterno, -ere** (abattre, d'où **consternatio, -onis**), **stragulum, -i** (couverture)

*stel- ou *ster-*, étoile (gr. ἄστρον, all. *stern*, angl. *star*) : **stella, -ae, astrum, -i** (étoile, astre)

*sti-, piquer (all. *stechen*, angl. *stick, sting*) : **stylus, -i** (poinçon à écrire), **stimulus, -i** (aiguillon), **stimulo, -are** (phys. piquer, mor. stimuler), **instigo, -are** (pousser à, exciter), **instinctus, -a, -um** (aiguillonné, stimulé), **distinguo, -ere** (distinguer) (n.p.c. **instigo, instinctus** avec *stinguo* ou *extinguo, -ere, extinctus, -a, -um* (éteindre, éteint) bien qu'on ait eu tendance à rapprocher les deux participes pour les opposer)

T

*tel-, lever, supporter (gr. τλήμων, adj. celui qui supporte, épithète d'Ulysse, verbe τλῆναι) : **tollo, -ere**, sup. **latum** (lever, enlever), **tolero, -are** (supporter)

*tem-, couper (gr. τέμνω, τομός, ἄτομος) : **templum, -i** (espace délimité dans le ciel, puis temple), **contemplor, -ari** (contempler), **aestimare** (estimer, apprécier)

W

*weg-, vigueur (angl. *wake, watch*) : **uegeo, -ere** (être vif, ardent), **uegetus, -a, -um** (bien vivant, vif), **uegeto, -are** (vivifier), d'où **uegetatio, -onis** ; **uigeo, -ere** (être en vigueur ; mor. être en honneur), **uigor, -oris** (vigueur), **uigil, -ilis** (vigilant ; subst. veilleur), **uigilia, -ae** (veille, sentinelle, poste de garde), **uigilo, -are** (veiller)

*wegh-, transporter en char (osq. *viù*, gr. ὄχος, angl. *way*, all. *weg*) : **ueho, -ere** (porter), **uia, -ae** (route, puis moyen, méthode), et p.-ê. **uena, -ae** (veine)

*wert-, wort-, tourner (angl. *-ward* dans *forward, upward*, all. *werden, geworden*) : **uersus** (prép. dans la direction de) et les composés **aduersus** et **aduersum** (prép. contre), **deorsum** (vers le bas), **sursum** (vers le haut), **seorsum** (en se séparant), **rursus** (à nouveau) ; **uersutus, -a, -um** (habile à se tourner), **uersor, -ari** (demeurer), **uersatus, -a, -um** (versé dans), **aduersor, -ari** (s'opposer), **conuersor, -ari** (fréquenter), **conuersatio, -onis** (fréquentation), **deuersor, -ari** (loger chez quelqu'un), **deuersorium, -ii** (hôtellerie), **uortex, -icis** et **uertex, -icis** (tourbillon et cime de montagne), **uertigo, -inis** (tournoiement, étourdissement), **uerto, -ere** (tourner) et les dérivés **euerto, -ere** (renverser), **conuerto, -ere** (retourner, et notamment traduire), **peruerto, -ere, subuerto, -ere** (renverser, anéantir), dép. **diuertor, -i** (s'en aller), d'où **diuersus, a, um** (qui va en sens opposé), **reuertor, -i** (retourner)

II
LES EMPRUNTS

Deuxième lettre : l'enrichissement par l'emprunt

Chère Mathilde,

J'ai voulu, dans ma première lettre, aller à l'origine. Dévoiler la filiation de la langue latine par rapport à ce qu'il est convenu d'appeler le proto-indo-européen, c'est en effet pour ainsi dire extraire l'A.D.N. de cette langue. Mais tu sais qu'il n'est pas de langue pure. Notre propre langue, le français, est, certes, dans une large mesure, fille du latin, pourtant et sans parler du substrat indigène, il s'y mêle une quantité de termes transposés du grec, des langues germaniques, de l'anglais, du portugais, de l'arabe...

Les anciens Romains, qui avaient la passion de la grammaire, avaient remarqué que la langue qu'ils parlaient à l'époque historique était le fruit d'un mélange entre un fonds commun indigène et des éléments lexicaux étrangers. À la suite de Varron (De lingua Latina V, 77), Quintilien (Institutio oratoria I, 5, 55-64) n'avait pas manqué de souligner cette particularité et, parmi les diverses influences, la part considérable qui revient à la Grèce ; permets-moi de le citer :

> *Maintenant, pour suivre l'ordre que je me suis prescrit, les mots, comme je l'ai dit, sont ou latins [uerba nostra] ou étrangers [uerba*

peregrina]. *Or, par mots étrangers, j'entends ceux qui nous sont venus de presque toutes les nations, comme il nous en est venu beaucoup d'hommes et beaucoup d'institutions. Je passe sous silence les Toscans, les Sabins et même les Prénestins ; car quoique Lucilius reproche à Vettius de se servir de leur langage, de même que Pollion a cru remarquer dans Tite-Live quelque chose qui sent le terroir de Padoue, je puis considérer comme Romains tous les peuples de l'Italie. Plusieurs mots gaulois ont prévalu, tels que* rheda *[charriot à quatre roues] et* petorritum *[charriot suspendu], qu'on trouve l'un dans Cicéron, l'autre dans Horace. Les Carthaginois revendiquent* mappa *[serviette qu'on jetait pour donner le signal des jeux], usité dans le cirque ; et j'ai entendu dire que* gurdus *[lourdaud], dont le peuple se sert pour désigner un niais, a une origine espagnole. Au surplus, dans ma division, j'ai particulièrement en vue la langue grecque, parce que c'est d'elle que la nôtre s'est formée en grande partie, et que même nous nous servons au besoin de mots purement grecs, comme aussi quelquefois les Grecs nous font des emprunts.*

Quintilien a tort de penser que le latin s'est formé à partir du grec, puisque ces deux langues appartiennent simplement à deux branches différentes de l'arbre que nous avons décrit, le groupe hellénique et le groupe italique, mais il a raison de souligner l'importance des emprunts opérés à l'époque historique, c'est à ces deux titres (origine commune et emprunts) qu'on peut dire les deux langues deux fois parentes.

Nous en savons beaucoup plus aujourd'hui que l'auteur de l'Institution oratoire *concernant les modalités de l'emprunt des Romains. Les bases d'une telle étude ont été jetées par Antoine Meillet, dont on a vu le rôle dans l'exploration du fonds indo-européen, mais qui, dans son* Esquisse d'une histoire de la langue latine, *fait une place d'abord au substrat méditerranéen, puis aux dialectes italiques, osque et ombrien, lesquels, tout en appartenant à la même branche italique de l'indo-européen, n'en présentaient pas moins de notables différences, enfin à l'influence étrusque et à l'influence grecque. Son œuvre est poursuivie par Alfred Ernout, « un latiniste avec une différence » selon l'expression de Jacques Heurgon, et par Jules Marouzeau.*

> ▸ Antoine Meillet, *Esquisse d'une histoire de la langue latine*, Paris, 1928.
>
> ▸ Alfred Ernout, *Les Éléments dialectaux du vocabulaire latin*, Paris, 1909 ; « Les éléments étrusques du vocabulaire latin », *Bulletin de la Société de linguistique de Paris* 30, 1929, p. 82-124.
>
> ▸ Jules Marouzeau, *Quelques aspects de la formation du latin littéraire*, Paris, 1949.

1. EMPRUNTS AUX LANGUES MÉDITERRANÉENNES

Il semble (tout cela est le fruit d'une reconstruction) que quand ils arrivèrent en Italie, les peuples indo-européens trouvèrent à la fois des conditions naturelles (proximité de la mer, cultures et faune méditerranéennes) et des techniques nouvelles de populations autochtones dont la civilisation était parfois plus avancée que la leur et auxquelles ils empruntèrent des noms pour désigner les réalités qu'ils découvraient, par exemple : **uinum, -i, uinea, -eae** (le vin, la vigne), **uua, -ae** (la grappe), **racemus, -i** (le raisin), **oliua, -ae, -ae** (olive), **ficus, -i** (figuier, figue) ; **rosa, -ae** (rose), **lilium, -ii** (lis), **cupressus, -i** et **-us** (cyprès), **laurus, -i** (laurier), empruntés à travers l'étrusque ; **papauer, -eris** (le pavot), **passer, -eris** (le moineau), **hirundo, -inis** (l'hirondelle), **talpa, -ae** (la taupe), **lepus, -oris** (le lièvre), **insula, -ae** (l'île), **lanx, -cis** (plat, plateau d'une balance, d'où **bilanx, -cis**), **libra, -ae** (balance), **ferrum, -i** (fer), **plumbum, -i** (plomb)

2. EMPRUNTS AUX ÉTRUSQUES

La position de Rome, qui tenait le pont par lequel l'Italie du Nord communique avec l'Italie du Sud, l'avait mise très tôt au contact des Étrusques au nord, des Ombriens au nord et au centre, des Osques au sud.

Osques et Ombriens faisaient partie, comme les Latins, de la branche italique. Les premiers semblent avoir peu donné à la langue latine (peut-être le mot *botulus*, qui désigne une saucisse) ; on en sait encore moins des seconds, dont la langue n'est connue que par un unique et précieux témoin, sept tables en bronze découvertes à Gubbio en 1444 et appelées Tables eugubines, publiées et traduites pour la première fois en 1875 par Bréal et objet depuis de l'attention d'Alfred Ernout, et, plus près de nous, de Charles Guittard et Dominique Briquel. Écrites à la fois en caractères ombriens (qui se lisent de droite à gauche) et en caractères latins, détaillant les rites de cérémonies religieuses, elles laissent seulement apparaître la parenté de l'ombrien avec le latin, comme le couple *veiro pequo*, correspondant au *pecudes uirosque* (« les troupeaux et les hommes ») d'Ovide, et mettent sur la piste de quelques emprunts concernant la dénomination des élites.

Il en va autrement avec le peuple des Étrusques, dont l'origine, exogène (Lydiens) ou autochtone (les Villanoviens), est encore aujourd'hui une énigme, mais dont la langue est regardée comme pré-indo-européenne. S'étendant à partir de l'Étrurie, qui correspond à la Toscane actuelle et au nord du Latium, jusqu'à la plaine du Pô et au nord de la Campanie, il a connu sa plus grande expansion entre les IXᵉ et VIᵉ siècles avant J.-C. et, jusqu'à l'expulsion des Tarquins, a assuré sa domination sur Rome. De ces contacts, qui n'ont pas cessé après que les Romains eurent à leur tour unifié l'Italie, la langue latine s'est trouvée enrichie de mots, surtout de mots religieux, militaires et politiques empruntés à l'époque des rois concernant l'organisation de l'État, la religion, puis à l'époque républicaine le théâtre, les petits commerces, les métiers. Tels sont, en réservant, pour certains mots, la part de la conjecture :

proceres, -um (les nobles, les grands), **Quirites, -ium** et **-um** (quirites, citoyens romains), **populus, -i** (peuple), **plebs, -bis** (la plèbe), **lictor, -oris** (le licteur), **curia, -ae** (curie, sénat) ?, **urbs, -bis** (la ville) ?, **atrium, -ii** (atrium) ; **haruspex, -icis** (haruspice) ?, **lituus, -ui** (bâton augural) ?, **puluinar, -aris** (coussin, lit, en particulier des dieux), **idus, -us** (ides) ? ; **cuspis, -idis** (pointe), **sagitta, -ae** (flèche), **histrio, -onis** (comédien), **lanista, -ae** (maître des gladiateurs), **larua, ae** (spectre, larve, fantôme), **subulo** (joueur de flûte)

Certains de ces mots et nombre d'autres sont reconnaissables à ce qu'ils ont en commun la présence d'un des suffixes suivants :

-rna : **cauerna, -ae** (grotte), **cisterna, -ae** (citerne), **lacerna, -ae** (manteau de grosse étoffe), **lanterna, -ae** (lanterne), **popina, -ae** (taverne, orig. osque), **taberna, -ae** (échoppe), **uerna, -ae** (esclave né à la maison), **urna, -ae** (urne)

-na : **catena, -ae** (chaîne), **culina, -ae** (cuisine), **harena, -ae** ou **arena, -ae** (sable de la plage, du cirque : cf. fr. arène), **persona, -ae** (masque, personne), **sagina, -ae** (nourriture substantielle, embonpoint)

-ma : **forma, -ae** (forme, beauté), **norma, -ae** (équerre, règle), **turma, -ae** (escadron)

-mna, -mnum, -mena : **aerumna, -ae** (tribulations, épreuves), **autumnus, -i** (automne), **Camenae, -arum** (les Camènes, Muses latines), **columna, -ae** (colonne), **crumena, -ae** (bourse, argent), **damnum, -ae** (perte, tort, dommage)

-ens : **cliens, -entis** (le client), **rudens, -entis** (le cordage, titre d'une comédie de Plaute)

-onus et *-o* long : **caupo, -onis** (l'aubergiste), **histrio, -onis** (l'acteur), **leno, -onis** (l'entremetteur), **patronus, -i** (le patron)

-eus : **balteus, -i** (baudrier), **caduceus, -i** (le caducée), **calceus, -i** (chaussure), **caseus, -i** (fromage), **clipeus, -i** (bouclier), **pilleus, -i** (bonnet d'affranchi), **pluteus, -i** (pupitre, balustrade), **puteus, -i** (puits)

3. EMPRUNTS AUX GRECS

Les Étrusques une fois détruits ou assimilés, l'influence de leur langue a de bonne heure cessé de s'exercer. Au contraire, l'influence grecque n'a jamais cessé d'agir. Elle n'a pas commencé avec la conquête de la Macédoine par Q. Caecilius Metellus en 147-146. Les premiers contacts avaient eu lieu par l'intermédiaire des Étrusques qui, entre autres choses, transmirent aux Romains l'alphabet grec. Et dès que ceux-ci poursuivirent leur extension vers le sud de l'Italie, ils rencontrèrent de riches cités fondées par les colons et porteuses d'une civilisation déjà très avancée. Depuis, il n'est pas un moment de l'histoire de Rome où l'hellénisme ne soit présent. Ces contacts, qui furent assez profonds pour qu'on ait pu parler un moment d'un bilinguisme des Romains, se manifestent d'abord par la naturalisation d'un grand nombre de vocables, emprunts d'abord populaires, puis littéraires. Et si l'on garde à l'esprit que Latins et Grecs ont par ailleurs la même ascendance indo-européenne, on sera porté à les dire deux fois parents.

Emprunts populaires anciens

Amphora, -ae (amphore), **ampulla**, -ae (ampoule), **apotheca**, -ae (boutique), **balineum**, -i, **balneum**, -i (le bain), **boo**, -are (crier), **cadus**, -i (jarre), **calamus**, -i (roseau, calame), **calx**, -cis (chaux), **camera**, -ae (chambre), **canistrum**, -i (corbeille), **catapulta**, -ae (catapulte), **charta**, -ae (feuille de papier), **cincinnus**, -i (frisottis), **circus**, -i (cirque), **circus**, -i (le cirque), **cista**, -ae (corbeille), **cithara**, -ae, refait sur *citara* (cithare), **coma**, -ae (chevelure), **contus**, -i (rame), **corda**, -ae (corde), **corona**, -ae ou **corolla**, -ae (couronne), **cothurnus**, -i (cothurne), **crapula**, -ae (ivresse), **crater**, -eris (cratère, vase), **cuneus**, -i (coin), **dolus**, -i (ruse), **elementa**, -orum (lettres, éléments), **epistula**, -ae (lettre, missive), **forma**, -ae (moule, forme, beauté), **hilaritudo**, -inis (joyeux, joie), **hilarus**,

-a, -um et **hilaris**, -is, -e, joyeux, de bonne humeur), **lacrima**, -ae (larme), **latro**, -onis (brigand), **littera**, -ae (lettre), **macellum**, -i (marché), **machina**, -ae (machine), **mina**, -ae (mine, monnaie), **norma**, -ae (règle), **ostrea**, -ae (huître), **poena**, -ae (châtiment), **poeta**, -ae (poète), **purpura**, -ae (pourpre), **saccus**, -i (sac), **scaena**, -ae (scène), **scopulus**, -i (écueil), **simia**, -ae (singe), **spelunca**, -ae (grotte), **strangulo**, -are (étrangler), **taeda**, -ae (torche), **talentum**, -i (talent, monnaie), **theatrum**, -i (théâtre), **triumphus**, -i (triomphe), **tunica**, -ae (tunique), **turba**, -ae (foule), **tus**, -uris (encens)

Emprunts écrits (à partir du IIIe siècle av. J.-C.)

Ennius : **Musae**, -arum (les Muses), **sophia**, -ae (la sagesse), **aer**, -ris (air), **aether**, -ris (éther), **astrologus**, -i (astrologue), **rhetorica**, -ae (rhétorique), **aura**, -ae (brise), **daedalus**, -i (habile, artistique), **pontus**, -i (la mer)

Naevius : **theatrum**, -i (théâtre)

Lucilius : **pelagus**, -i (la mer)

Plaute : **apologus**, -i (fable), **architectus**, -i (architecte), **athleta**, -ae (athlète), **balanus**, -i (gland), **barathtrum**, -i (gouffre, abîme), **basilicus**, -a, -um (royal), **cantharus**, -i (canthare, vase), **cinædus**, -i (mignon), **comicus**, -i (comédien), **comoedia**, -ae (comédie), **tragicus**, -i (tragédien), **tragi-comoedia**, -ae (tragicomédie), **concha**, -ae (coquille), **cyathus**, -i (cyathe, coupe, vase), **discus**, -i (disque), **ephebus**, -i (éphèbe), **gymnasium**, -ii (gymnase), **harpago**, -onis (crochet), **historia**, -ae (histoire), **moechus**, -i (amant, adultère), **musica**, -ae (musique), **myrtus**, -i (myrte), **paedagogus**, -i (pédagogue), **palaestra**, -ae (palestre), **parasitus**, -i (parasite), **pausa**, -ae (pause), **petasus**, -i (chapeau), **pharetra**, -ae (carquois), **philosophus**, -i, **philosophor**, -ari (philosophe, philosopher), **plaga**, -ae (plaie), **platea**, -eae (place), **schola**, -ae (école), **stoïcus**, -a, -um (stoïque), **stomachus**, -i (estomac), **strategus**, -i (stratège), **stratioticus**, -i (militaire, de soldat), **strophium, -ii** (soutien-gorge), **sycophanta, -ae** (sycophante), **syllaba, -ae** (syllabe), **symbola, -ae** et **symbolum, -i** (symbole), **theatrum, i** (théâtre), **thesaurus, -i** (trésor), **tiara, -ae** (tiare), **tympanum, -i** (tambour), **tyrannus, -i** (tyran)

Lucrèce : **sceptrum, -i** (sceptre)

Varron : **astrum, -i** (astre), **analogia, -ae** (analogie)

Cicéron : **dialectica, -ae** (dialectique), **geometria, -ae** (géométrie), **grammatica, -ae, grammaticus, -i** (grammaire, grammairien), **musica, -ae, musicus, -i** (musique, musicien), **philosophia, -ae, philosophicus, -a, -um** (philosophie, philosophique), **physica, -ae, physicus, -a, -um** (physique, n. et adj.), **rhetor, -oris** (rhéteur)

César : **analogia, -ae** (analogie)

Virgile : **antrum, -i** (caverne), **electrum, -i** (ambre), **ostrum, -i** (pourpre)

Ovide : **feretrum, -i** (brancard), **pharetra, -ae** (carquois)

Pétrone : **aenigma, -atis** (énigme), **amphitheatrum, -i** (amphithéâtre), **antrum, -i** (grotte), **astronomia, -ae** (astrnomie), **astrum, -i** (astre), **barbarus, -a, -um** (barbare), **basilica, -ae** (basilique), **bracchium, -ii** (bras ; cf. Festus : *Bracchium nos, Graeci dicunt* βραχίων, *quod deducitur a* βραχύ *i.e. breue*, « parce que la distance de l'épaule aux mains est plus courte que de la hanche aux pieds »), **buxeus, -ei** (buis), **blbliotheca, -ae** (bibliothèque), **caduceus, -ei** (caducée), **calamistrum, -i** (fer à friser), **calix, -icis** (vase), **cancer, -cri** (crabe, le Cancer, cancer, chancre), **chelys, -ys et -yos** (tortue, puis lyre), **chiragra, -ae** (chiragre, goutte des mains), **chorea, -eae** (danse en chœur), **chorus, -i** (chœur), **cinaedus** (homosexuel, mignon), **circus** (cercle, cirque), **circensis** (du cirque), **cirratus** (aux cheveux bouclés), **coccinus, -a, -um** (d'écarlate), **cochlea, -eae** (escargot, escalier tournant), **crystallus, -i** (cristal), **cydonia mala** (pomme de coing), **cycnus, -i** (cygne), **cynicus, -a, -um** (cynique), **daphne, -es** (laurier), **draco, -onis** (dragon), **echinus, -i** (hérisson),

elleborus, i (ellébore), **epigramma, -atis** (épigramme), **euripus, -i** (canal ; l'Euripe est un détroit de Grèce qui sépare l'Eubée de la Béotie), **exhilaratus, -a, -um** (réjoui), **garum, -i** (garum), **heros, -ois** (héros), **labyrinthus, -i** (labyrinthe), **lagoena, -ae** (flacon), **magicus, -i** (magique), **nardus, -i** (nard), **nausea, -eae** (mal de mer, envie de vomir), **nympha, -ae** (nymphe), **orchestra, -ae** (orchestre), **ostreum, -ei**, ou **ostrea, -eae** (huître), **paedagogus, -i** (pédagogue), **palla, -ae** (manteau de femme, mantille), **pallium, -ii** (manteau grec), **palma, -ae** (paume, palme), **pantomimus, -i** (pantomime), **pauo, -onis** (paon), **phantasia, -ae** (vision, imagination), **pharmacum, -i** (poison), **pharmacus, -i** (empoisonneur), **philologia, -ae** (amour des lettres), **phreneticus, -a, -um** (saisi de délire), **pinacotheca, -ae** (pinacothèque), **prasinus, -a, -um** (vert, couleur du poireau : le vert était l'une des quatre couleurs portées par les cochers des quatre factions concurrentes dans les jeux du cirque ; les autres étaient le blanc, le rouge et le bleu), **prasinatus, -a, -um** (habillé de vert), **scholasticus, -a, -um** (lettré, érudit), **sesamum, -i** (sésame) **sibylla, -ae** (sibylle), **sirenes, -um** (les sirènes), **sophos (-us), -i** (adj. sage ; adv. avec *o* long bravo), **sistrum, -i** (sistre), **spado, -onis** (eunuque), **stela, -ae** (stèle), **stigma, -atis** (marque au fer rouge, flétrissure), **stola, -ae** (robe des matrones), **strigilis, -is** (strigile), **symphonia, -ae** (symphonie), **taeda, -ae** (torche), **tessera, -ae** (dé à jouer, tessère), **thyrsus, -i** (thyrse), **tetrastylus, -a, -um** (tétrastyle), **thesaurus, -i** (trésor), **tigris, -idos** (tigre), **tragicus, -i** (auteur tragique), **tragoedus, -i, tragoedia, -ae** (tragédien tragédie), **triclinium, -ii** (lit de table pour trois personnes, salle à manger), **tropaum, -i** (trophée), **zelotypus, -a, -um** (jaloux), **zephyrus, i** (zéphyr), **zmaragdus, -i** (émeraude), **zona, -ae** (ceinture)

Emprunts dans la littérature chrétienne

Abbas, -atis (abbé), **anathema, -atis** (anathème), **anathematizo, -are** (lancer un anathème), **angelus, -i** (ange, mot calqué sur ἄγγελος, qui signifie le messager), **baptisma, -atis, baptizo, -are** (baptême, baptiser), **basilica, -ae** (basilique), **catechizo, -are** (catéchiser), **charisma, -atis** (charisme, don de Dieu), **christus, -a, -um** (oint, qui a reçu l'onction), **diabolus, -i** (diable), **diaconus, -i** (diacre), **ecclesia, -ae** (église et Église), **episcopus, i** (évêque), **euangelium, -ii, euangelizo, -are** (évangile, évangéliser), **martyr, -yris** (martyr, mot calqué sur le grec μάρτυρος, qui signifie témoin), **martyrium, -ii** (témoignage, martyre), **monachus, -i** (moine), **paradisus, -i** (jardin, paradis ; le mot donnera aussi le français parvis), **parocchia, -ae** (paroisse), **Pascha, -ae** (Pâques), **presbyter, -eri** (prêtre),

acedia, -ae (litt. dégoût, indifférence ; acédie : sorte de mélancolie, dépression, maladie de l'âme attachée à la vie monastique), **agonia, -ae** (combat), **aporia, -ae** (embarras, doute, aporie), **eremus, -i** (ermite), **organum, -i** (orgue), **orphanus, -i** (orphelin), **parabola, -ae** (comparaison, parabole), **agonizo, -zare** (agoniser), **sabbatizo, -are** (célébrer le sabbat), **thesaurizo, -zare** (thésauriser), **latinizo, -zare** (latiniser)

Une forme particulière d'emprunt : le calque

On appelle **calque**, tant morphologique (touchant la forme) que sémantique (touchant le sens), une forme d'emprunt qui, au lieu d'une simple transposition du terme étranger, en est une traduction littérale dans la langue d'arrivée : le français surhomme, l'anglais *superman* sont des calques exacts de l'allemand *Übermench*. Ce phénomène s'est révélé particulièrement productif dans la langue philosophique et nombre de créations de ce genre sont dues à Cicéron :

συνείδησις : lat. conscientia, -ae ; περίστασίς : lat. circumstantia, -ae ; ποιότης : qualitas, -atis ; ἐκπύρωσις : deflagratio, -ionis ; ἔκλυσις : dissolutio, -ionis ; ἐνάργεια : euidentia, -ae ; ἀναλογία : proportio, -onis ; τέλος : finis, -is ; πολιτικός : ciuilis, -is, -e ; ἦθος : mores, -um ; ἠθικός : moralis, -is, -e ; πρόνοια : prouidentia, -ae (ce dernier avec un léger décalage).

4. AUTRES EMPRUNTS : AUX GAULOIS, SABINS, CARTHAGINOIS...

Arrha, -ae (gages, sémit.), **caracalla,** -ae (tunique, gaul.), **carpentum,** -i (voiture à deux roues munie d'une capote, gaul.), **carrus,** -us (charriot, gaul., à côté de **currus**), **crux,** -cis (croix, carth. ?), **funda,** -ae (fronde, esp.), **petorritum,** -i (charriot suspendu, gaul.), **popina** (taverne, osq.), **raeda,** -ae (charriot, gaul.), **sagum,** -i (sayon, casaque militaire, orig. gaul.), **trabea,** -ae (manteau orné de bandes de pourpres, sab.), **tribus,** -us (tribu, sab.), **tunica,** -ae (tunique, phénic.)

III
MOTS SANS ÉTYMOLOGIE SÛRE

Reste un nombre important de mots, anciens et, il faut le souligner, fort usités, dont l'origine est obscure et pour lesquels manque toute espèce de rapprochement. Cela n'exclut pas qu'ils puissent être d'origine indo-européenne ou soient dû à un emprunt non repéré ; néanmoins il faut reconnaître qu'il y a alors dans nos connaissances une large part d'inconnu.

Certains de ces mots sont restés isolés, comme **arcus, -us** (l'arc ; rapprocher de l'anglais *arrow* ?), **capillus, -i** (le cheveu : cf. *caput* ?), **crinis, -is** (la chevelure), **carcer, -is** (la barrière, la prison), **cibus, -i** (la nourriture), **cinis, -is** (la cendre, rapproché sans certitude du gr. κόνις, la poussière).

Mais, pour la plupart, ils ont, comme les autres, provigné et, sur radical latin, constitué des familles. Ainsi :

amo, -are (vient p.-ê. du mot enfantin avec géminée expressive *amma*, s'adressant à la mère ; cf. *amita*, la tante paternelle), **amor, -oris** (amour), **amicus, -a, -um** et **amicus, -i** (adj. et subst. ami), **amans, -antis** (amant), **amicitia, -ae** (amitié), **inimicus, -a, um** (ennemi), et aussi **amoenus, -a, -um** (plaisant, agréable), **amoenitas, -atis** (charme, aménité), **amplus, -a, -um** (ample), **amplitudo, -dinis** (ampleur), **amplifico, -are** (amplifier), **asper, -a, -um** (rugueux, âpre, phys. et mor.) et **asperitas, -atis** (aspérité, âpreté), **exaspero, -are** (irriter)

Audio, -ire (entendre), **exaudio, -ire** (exaucer), **oboedio, -ire** (obéir)

Aueo, -ere (désirer vivement, cf. scr. *avati*), **auidus, -a, -um** (désireux), **auarus, -a, -um** (cupide, puis avare), **auaritia, -ae** (cupidité, avarice) ; **audeo, -ere** (oser), **audax, -acis** (audacieux), **audacia, -ae** (audace)

Bellum, -i (originairement **duellum** : la guerre), d'où **imbellis, -is, -e** (impropre à la guerre), **rebellis, -is, -e** (rebelle, qui se révolte), **perduellis, -is** (ennemi public)

Beo, -are, beatus, -a, -um (rendre heureux, heureux), d'où **beatitudo, -inis** (bonheur)

Blandus, -a, -um, mot expressif, désignant une parole caressante, **blandior, iri** (caresser, flatter), **blanditiae, -arum** (caresses, flatteries)

Bonus, -a, -um (bon), **bonum** (ancien *duenos* : le bien), **bene** adv. bien, d'où **beneficus, -a, -um, benefactor, -oris, beneficium, -ii, beneficentia, -ae** (bénéfique, bienfaiteur, bienfait, bienfaisance), **bellus, -a, um** (gracieux), chr. **benedico, -ere** (bénir)

Breuis, -is, -e (court, parfois rapproché du grec βραχύς), **abbreuio, -are** (écourter), **breuiarium, -ii** (résumé, puis chr. bréviaire), **bruma, -ae** (le jour le plus court de l'année, solstice d'hiver, puis l'hiver ; cf. fr. brume)

Caedo, -ere (tailler, couper, puis tuer), **caedes, -is** (massacre), **homicidium, -ii** (homicide), **caesura, -ae** (coupure, césure), p.-ê. **scindo, -ere** (fendre)

Caelum, -i (le ciel), **caelites, -tum** (les dieux célestes), **caeruleus, -a, -um**, de **caeluleus** (bleu azur)

Caput, -itis (la tête, rapproché du scr. *capucchala*, all. *haupt*), **capitalis, -is, -e** (capital), **capitulum, i** (chapiteau, en-tête, chapitre), **praeceps, -ipitis** (la tête la première, à pic), **anceps, -ipitis** (ambigu)

Careo, -ere (manquer ; cf. fr. carence, rapproché de l'osq. *kasit*), **castus, -a, -um** (pur, intègre, chaste), **in cassum** (en vain)

Caueo (prendre garde : *Caue canem*, « Attention au chien », rapproché du skct. *kawi-s*), d'où **cautus, -a, -um** (prévoyant, qui est sur ses gardes), **cautio, -onis** (garantie)

Causa, -ae (motif ou procès), **accuso, -are** (accuser), **excuso, -are** (excuser), **causidicus, -i** (avocat)

Cedo, ere (aller), **incedo, -ere** (s'avancer), **decedo, -ere** (se retirer, mourir)

Cingo, -ere (entourer), **cingulum, i** (la ceinture), dép. **accingor, -i** (s'équiper, s'armer), **succinctus** (qui a son vêtement retroussé, puis bref, succinct)

Clemens, -entis (clément), **clementia, -ae** (la clémence)

Figo, -ere (enfoncer), **fibula, -ae** (*fi-vi-bula* : broche), **finis, -is** (*fig-snis* : borne, limite, fin), **finio, -ire** (limiter, terminer), **finitimus, -a, -um** (voisin)

Juuo, -are (aider), sur lequel on a fait **adjuuo, -are** (aider), **adiutor, -oris** (assistant) et **iucundus, -a, um** (pour *iuv-cundus* : plaisant, agréable)

Labor, -bi (dép.) et **labo, -are** (glisser, tomber, commettre une faute), **labefacio, -ere** et int. **labefacto, -are** (faire tomber), **lapsus, -us** ou **labes, -is** (chute, n.p.c. avec *labes*, tache, souillure)

Lax, -cis (fraude, mot racine, expressif, d'origine inconnue) et le verbe **lacio, -ire** (enlacer, d'où séduire) ne sont attestés que par les glossateurs ; mais **lacesso, -ere** (attirer dans un piège, puis harceler), **allicio, -ere** (séduire), **deliciae, -arum** (délices), **illicio, -ere** (attirer dans un piège), et **illecebrae, -arum** (appâts, séductions), **pellicio, -ere** (séduire), **oblecto, -are** (charmer, plaire), **delicatus, -a, -um** (voluptueux) ; à rattacher peut-être : **laqueus, -ei** (nœud coulant, piège), **laquearia, -ium** (plafond à caissons losangé comme les mailles d'un filet) ; la graphie **pellex, -icis**, à côté de **paelex, -icis** (la maîtresse, la courtisane), semble due à un rapprochement avec **pellicio**.

Merx, -xis (marchandise), **mercor, -ari** (commercer), **mercator, -oris** (marchand), **merces, -edis** (prix payé pour une marchandise, salaire), **commercium, -ii** (négoce, relations), **Mercurius, -ii** (dieu du commerce), **meretrix, -icis** (euphémisme : la courtisane)

Mitto, -ere (laisser partir, lâcher, lancer, envoyer, omettre), et les dérivés **admitto, -ere** (laisser venir, admettre, commettre), **amitto, -ere** (perdre), **demitto, -ere** (abaisser), **emitto, -ere** (lancer, décocher), **intermitto, -ere** (interrompre), **omitto, -ere** (laisser aller, oublier, passer sous silence), **permitto, -ere** (permettre), **praetermitto, -ere** (négliger, passer sous silence), **remitto, -ere** (renvoyer, relâcher, renoncer), **transmitto, -ere** (transmettre) ; chrét. l'adj. fém. **missa, -ae** (l'heure du renvoi : *ite, missa est*, puis le sens s'est étendu à l'office lui-même)

Moenia, -ium (remparts), **munio, -ire** (fortifier), **munitio, -onis** (travail de fortification), **murus, -i** (mur), **pomoerium, -ii** (entendre *post murum* : l'espace sacré qui sépare la ville, *urbs*, de son territoire, *ager* ; à Rome, il s'est agrandi à plusieurs reprises sous la République et sous l'Empire)

Deuxième partie :
L'enrichissement du lexique

I
LA DÉRIVATION

C'est à l'aide de ses ressources propres que le latin a été contraint de s'enrichir : la langue a fait fructifier son matériel de mots par un « travail de soi sur soi » : un thème étant donné, il suffit de mettre en action le jeu des préfixes et des suffixes pour faire apparaître des séries de dérivés dans lesquels on retrouve l'élément formatif soit intact, soit à peine altéré.

Jules MAROUZEAU

Troisième lettre : le travail de la langue sur elle-même

Chère Mathilde,

Nous abordons dans ce chapitre et dans le suivant un aspect passionnant de l'histoire de la langue : le travail grâce auquel, à l'époque historique, à partir d'un stock de mots hérités, porteurs de notions essentielles, une collectivité a réussi, au long de son histoire et à mesure de ses progrès, à enrichir, à différencier à l'infini l'appareil du langage, de manière à exprimer des nuances de plus en plus nombreuses et de plus en plus fines de la réalité physique, morale, sociale. Après la chasse à reculons dans le temps, à laquelle nous engageait la recherche étymologique, nous entreprenons une marche en avant, enquête à l'intérieur

*de la langue. Les deux démarches sont solidaires et complémentaires,
comme le soulignent déjà le titre et le sous-titre du* Dictionnaire
étymologique de la langue latine. Histoire des mots, *où l'un des
auteurs (Antoine Meillet) s'est chargé de la partie préhistorique, l'autre
(Alfred Ernout) du « développement du vocabulaire depuis les anciens
monuments jusqu'à l'époque romane ».*

*Le premier procédé d'enrichissement de la langue (l'autre fera
l'objet du prochain chapitre) est la création lexicale par dérivation ou
composition, le latin privilégiant la première par rapport au grec qui a
beaucoup développé la composition. On appelle* **morphologie dérivationnelle** *la discipline qui s'occupe de la formation de mots nouveaux
à partir de mots existants. Son domaine n'est pas limité à la langue
latine, toute langue en devenir ayant vocation de créer tous les jours, à
partir de mots « simples » et selon des modèles grammaticaux assimilés
consciemment ou inconsciemment par l'usager, des mots que l'on dira
« construits ». Dans la mesure où la mise en évidence de ces modèles
soutient la conception d'une systématique de la langue, la démarche
diachronique que nous avons adoptée jusqu'ici le cède tout naturellement
à l'approche synchronique amorcée puissamment par l'œuvre théorique de
Ferdinand de Saussure (1857-1913), illustrée pour le domaine français
par Danielle Corbin (1946-2000) et appliquée par les élèves de Guy
Serbat (1918-2001) à la description de la langue latine.*

*Je présume que tu t'es déjà familiarisée de façon empirique, en par-
courant les listes de notre première partie, avec ce processus de création
verbale dont le résultat est le fourmillement de familles de mots. L'étude
méthodique qui est proposée ci-après t'aidera à « raisonner » le lexique
en dévoilant (là du moins où l'analogie l'emporte sur l'anomalie) la
régularité, voire la rationalité du mécanisme de la dérivation latine.
Je présenterai successivement les deux phénomènes les plus productifs :
la* **préfixation** *et la* **suffixation,** *auxquels s'ajoutent la* **composition**
*et l'***agglutination.**

▸ Ferdinand de Saussure, *Cours de linguistique générale*, Paris, 1915.

▸ Danielle Corbin, *Morphologie dérivationnelle et structuration du lexique,* Lille, 1987, 2 vol.,

▸ Guy Serbat, *Les Dérivés nominaux latins à suffixes médiatifs*, Paris, 1975 ; *Linguistique latine et linguistique générale*, Louvain, 1988.

▸ Chantal Kircher-Durand, *Grammaire fondamentale du latin,* t. IX : *Création lexicale : la formation des noms par dérivation suffixale*, Louvain, 2002.

▸ Christian Nicolas et Michèle Fruyt, *La Création lexicale en latin*, Paris, 2000.

▸ Michèle Fruyt, « *Word formation in classical Latin* », *A Companion to the Latin Language*, Oxford, 2011, p. 157-175.

1. PRÉFIXATION

Un préfixe est une particule qui s'antépose au radical d'un mot pour former un autre mot qui présente une variation de sens par rapport au premier : sur le verbe *ire* (aller), on forme ainsi les verbes *abire, exire* (s'en aller, sortir), *adire* (aborder). Cette variation peut aller jusqu'à l'opposition : sur *animare*, donner la vie, on construit *exanimare*, ôter la vie, tuer ; de même, à *aperire* (ouvrir, d'où *aperte*, ouvertement, *apertura*, ouverture), on oppose *operire*, cacher, couvrir, d'où *operculum*, et *cooperculum*, couvercle). Dans la plupart des cas la segmentation du préfixe est claire, mais elle est parfois légèrement voilée par un phénomène d'assimilation (*col-ligere* pour *con-ligere, recueillir*) ou par l'adjonction d'une consonne appelée « épenthétique », facilitant la prononciation (*pro-d-ire*), ou par apophonie de la voyelle initiale du mot, qui est un changement de timbre affectant la première voyelle du radical, comme *habere, pro-hibere, facere, con-ficere, damnare, con-demnare*.

Cette particule est dans une grande majorité des cas une préposition (certains auteurs disent : l'homonyme d'une préposition) déjà dotée d'une existence autonome, dont elle reprend les principales valeurs :

- *ab* (en s'éloignant de)
- *ad* (vers)
- *de* (en descendant)
- *ex* (en sortant de),
- in (dans)
- *inter* (entre)
- *ante* (avant)
- *post* (après)
- sub (sous)
- *super* (sur, au-dessus de)
- *circum* (autour de)
- *per* (à travers)
- *trans* (à travers),
- *ob* (à cause de)
- *pro* (pour, en faveur de, à la place de)
- *prae* (en tête de)
- cum (avec)
- praeter (outre)

Mais on verra qu'un adverbe peut avoir la même fonction (*intro-ducere, retro-versus, retrorsus*), ou un numéral (*bi-ceps, bi-frons, bi-pes* ; *semi-deus, se-mestris*), ou d'autres préfixes eux aussi sans autonomie lexicale (*in-* privatif, *amb-, anti-, dis-, ne-, re-, sed-*), qui n'existent que dans le mot dérivé.

Les préfixes servent indifféremment à former des noms, des adjectifs, des adverbes et des verbes ; on réserve le nom de **préverbes** aux préfixes employés dans ce dernier cas, qui est particulièrement productif, et de **préverbation** au phénomène correspondant.

On notera que si plusieurs préfixes entrent en concurrence pour exprimer une valeur donnée, par exemple *in-, dis-, ve-, de-, ab-*, avec valeur privative, *in-* étant de loin le plus productif, inversement, un même préfixe est souvent polysémique, comme le montrent les tableaux suivants.

> ► Claude Moussy, *La Composition et la préverbation en latin*, Paris, 2006 ; *id.*, « La polysémie des préverbes *re-* et *com-* », *La Polysémie en latin*, Paris, 2011, p. 171-206.

a-, ab-, abs-, au (devant *f*)

Éloignement, séparation : **abdo, -ere** (dérober aux regards, cacher), **abduco, -ere** (emmener, détourner), **abiicio, -ere** (jeter), **abundo, -are** (déborder, être en abondance), **abeo, -ire** (s'en aller), **absum, -esse** (être absent), **amoveo, -ere** (éloigner), **auerto, -ere** (détourner), **aufero, -erre** (enlever), **absoluo, -ere** (1er sens : libérer, puis absoudre)

Privation : **amens, entis** (insensé : *a mente*) et **amentia, -ae** (folie) ; **absonus, -a, -um** (qui n'a pas le son juste, faux), **absurdus, -a, -um** (qui sonne faux, discordant), **abstineo, -ere** (tr. tenir éloigné ; intr. se tenir éloigné, s'abstenir), d'où **abstinentia, -ae** (retenue, abstinence)

Déviation : **abutor, -i** (abuser) ; cf. les premiers mots du premier discours de Cicéron contre Catilina : *Quousque tandem abutere, Catilina, patientia nostra ?* « Jusqu'à quand abuseras-tu de notre patience, Catilina ? »

Cessation : **absumo, -ere** (prendre entièrement), **absoluo, -ere** (2e sens : faire entièrement)

ad-, ac- (devant *c, q*), *af-* devant *f, ag-* devant *g,*
al- devant *l, an-* devant *n,* etc.

Rapprochement, mouvement vers : **accedo, -ere** (aller vers),
n.p.c. avec *accido, -ere* (tomber sur, arriver), d'où **accidit ut** (il
arrive que), **accendo, -ere** (enflammer), **accipio, -ere** (recevoir),
accuso, -are (mettre en cause, accuser), **addo, -ere** (ajouter),
adduco, -ere (amener), dép. **adgredior, -di** (aborder, attaquer),
adhibeo, -ere (appliquer), **adigo, -ere** (pousser vers), **adeo, -ire**
et **aditus, -us** (aborder, accès), **admitto, -ere,** (faire aller vers,
admettre), dép. **adipiscor, -sci** (atteindre, acquérir), **adiungo,**
-ere (ajouter), **adjuuo, -are** et **adiuto, -are** (aider), **adloquor, -i**
(trans. adresser la parole à), **admitto, -ere** (admettre, permettre),
admoueo, -ere (approcher, appliquer), **adorior, -iri** (attaquer,
entreprendre), **arripio, -ere** (s'emparer de), **adspicio, -ere** (porter
ses regards, regarder), **adtraho, -ere** (tirer à soi, attirer), **adue-**
nio, -re (arriver) et **aduento, -are** (approcher), d'où **aduentus,**
-us (arrivée), **assentior, -ire** (être d'accord avec) et **assensus, -us**
(accord, assentiment), **asto, -are** et **assisto, -ere** (se tenir auprès,
assister), **addo, -ere** (ajouter), **affero, -erre** (apporter), **afficio, -ere**
(pourvoir, affecter), d'où **affectus, -a, -um,** adj. part., affecté, et
subt. **affectus, -us** (sentiment), **affligo, -ere** (heurter contre, jeter
à terre, abattre), d'où **afflictus, -a, -um** (terrassé)

Noter : **adimo, -ere** (premier sens : prendre à soi, puis enlever,
comme *demere*)

ambi-, amb-, am-

Autour : **ambages** (détours), **ambeo, -ire** (faire le tour), d'où
ambitus (circuit, pourtour, brigue électorale), **ambitio** (démarches,
ambition) et **ambitiosus** (ambitieux) ; **amplector, -i** (embrasser),
p.-ê. **antestor** (prendre à témoin : *am-testor*)

amb- (cf. *ambo, -ae, -o* : deux)

Double : **ambigo, -ere** (discuter), **ambiguus, -a, -um** (incertain), **ambiguitas, -atis** (équivoque) ; **anceps, -ipitis** (= **ambiceps** : à deux têtes, double, douteux)

ante-, anti-

Devant, avant : **anteo, -ire** (devancer), **antecedo, -ere** (précéder, l'emporter sur), **antecello, -ere** (se distinguer, l'emporter sur), **antepono, -ere** (placer devant, préférer), **antiquus, -a -um** (d'autrefois, antique), **antiquitas, -atis** (antiquité), **antiquitus** (adv. dans ou depuis l'Antiquité)

anti-

Contre : **antipathia, -ae** (antipathie naturelle de choses entre elles, antidote), **antipodes, -um** (antipodes), l'un et l'autre transposés du grec

circum-

Autour : **circumeo, -ire** (tourner autour, cerner), d'où **circuitus, -us** (tour), **circumdo, -are** (entourer), **circumfero, -erre** (porter à la ronde, faire circuler), **circumspicio, -ere** (chercher des yeux autour de soi), **circumsto, -are** (entourer), d'où **circumstantia, -ae** (situation, circonstances), **circumuenio, -ire** (cerner, assiéger, opprimer)

com-, con-, co-, col-, cor-

Réunion : **coeo, -ire, conuenio, -ire** (se réunir), d'où **coetus, -us** et **conuentus, -us** (réunion), **collega, -ae** (collègue), **congredior, -i** (se réunir) ; **colloquor, -i** (s'entretenir avec), **cogo, -ere** (pousser ensemble, réunir, puis forcer), **concipio, -ere** (contenir, concevoir), **commilito, -onis** (compagnon d'armes), **comparo,**

-are (accoupler, comparer), **competitor, -oris** (concurrent), **complector, -i** (étreindre, embrasser), **compono, -ere** (disposer, composer), **comprehendo, -ere** (enfermer, embrasser), **comprimo, -ere** (comprimer, arrêter), **concurro, -ere** (accourir, se joindre, entrer en concours, en conflit), **concurso, -are** (courir çà et là) et **concursus, -us** (réunion, rencontre) ; **confero, -erre** (réunir, rapprocher, imputer à), **consero, -ere** (attacher ensemble : cf. *serta*, couronnes, mais *conserere manus, acies* : en venir aux mains, engager le combat), **consto, -are** (être constitué de, être d'accord), impers. **constat** (c'est un fait reconnu) et **constantia, -ae** (permanence, fermeté) ; **constituo, -ere** (mettre ensemble, constituer), **conuoco, -are** (convoquer, réunir), **coaceruo, -are** (entasser), **consentio, -ire** (être de même sentiment, tomber d'accord) et **consensio, -onis** et **consensus, us** (accord), **consido, -ere** (s'asseoir ensemble, siéger) et **consessus, -us** (réunion), **conscribere** (enrôler, puis composer un livre), **confido, -ere** (mettre sa confiance dans), **confiteor, eri** (avouer), **conflo, -are** (aviver par le souffle, former par assemblage, machiner), **consulo, -ere** (intr. délibérer ensemble ou avec soi-même, tr. consulter), fréqu. **consulto, -are** ; **consultor, -oris** (conseiller), **continuus, -a, -um** (continu, consécutif) et **continuo** (adv. aussitôt), **conuiua, -ae** (convive) et **conuiuium, -ii** (le banquet)

Renforcement : **complures, -ium** (la plupart), **concupio, -ere** et **concupisco, -ere** (désirer ardemment), **comprobo, -are** (confirmer), **concutio, -ere** (agiter violemment, ébranler), **contendo, -ere** (tendre avec force, demander avec insistance ; abs. rivaliser, disputer), **corripio, -ere** (saisir avec force), **cohibeo, -ere** (contenir, empêcher), **cohortor, -ari,** (exhorter vivement), **conuerto, -ere** (changer entièrement, retourner), **consector, -ari** (suivre constamment, poursuivre), **conspicio, -ere** (contempler), **consuesco, -ere** (s'accoutumer) et **consuetudo, -inis** (habitude).

Achèvement : **colloco, -are** (placer), **comperire** (trouver), **concludere** (enfermer, conclure), **conficio, -ere** (achever), **conse-**

quor, -i (obtenir), **comperio, -ire** (découvrir), **conuinco, -ere** (vaincre entièrement, convaincre, démontrer), **consumo, -ere** (absorber entièrement, épuiser)

de-

Séparation : **decedo, -ere** (partir, décéder), **deficio, -ere** (faire défaut) et **defectio, -onis** (désertion, défaillance), **dejicio, -ere** (jeter), **desero, -ere** (abandonner, négliger), d'où **desertus, -a, -um** (inculte, sauvage), **deligo, -ere** (choisir) et **delectus, -a, -um** (adj. choisi), **delectus, -us** (subst. choix), **demo, -ere** (enlever), **depono, -ere** (déposer), **depello, -ere** (écarter, repousser), **deporto, -are** (emporter), **deprecor, -ari** (chercher à détourner par des prières)

Mouvement de haut en bas : **decido, -ere** (tomber), **descendo, -ere** (descendre), **despicio, -ere** (regarder de haut, mépriser), **dejicio, -ere** (jeter en bas), **demitto, -ere** (faire ou laisser tomber, abaisser)

Privation, inversion : **desum, -esse** (manquer), **demens, -entis** (privé de raison), **dedecus, -oris** (déshonneur), **desidia, -ae** (paresse)

Achèvement, insistance : **devinco, -ere** (vaincre complètement), n.p.c. avec *deuincio, -ire* (enchaîner, lier), **deposco, -ere** (demander avec insistance, réclamer)

dis-, dif-, di-, dir-

Dispersion : **discurro, -ere** (courir en tous sens), **dimitto, -ere** (envoyer en tous sens), **diripio, -ere** (mettre en pièces, arracher), d'où **direptio, -ionis** (pillage), **dissoluo, -ere** (désagréger, défaire, désunir), **dispergo, -ere** (répandre çà et là, disperser) et **dispersio, -onis, discessus, -us** (séparation, départ) et **discessio, -onis** (spéc. séparation des époux, vote par déplacement au sénat, chrét. apostasie)

Distinction : **discerno, -ere** (voir, distinguer), d'où **discrimen, -inis** (point de séparation, moment de décision, moment critique), **distinguo, -ere** (séparer, différencier, nuancer) ; **diuido, -ere** (divi-

ser), **dispono, -ere** (placer en séparant, mettre en ordre), **disiungo,
-ere** (séparer), **distribuo, -ere** (répartir), **diuersus, -a, -um** (allant
en sens contraire, opposé)

Éloignement : **dimoueo, -ere** (écarter, éloigner), **dirimo, -ere**
(séparer), **disto, -are** (être éloigné)

Opposition : **differo, -erre** (différer), **diffido, -ere** (se défier de),
difficilis, -is, -e (difficile) et **difficultas, -atis** (difficulté), **discordia,
-ae** (désaccord), **dissimilis, -is, -e** (dissemblable), **displiceo, -ere**
(déplaire), **disputo, -are** (peser le pour et le contre, discuter), d'où
disputatio, -onis (discussion), **dissentio -ire** (être en désaccord),
dissensio, -onis (divergence), **discutio, -ere** (dissiper, écarter),
dissuadeo, -ere (dissuader)

ex-, e-, ec-, ef-

Mouvement pour sortir ou éloigner : **exeo, -ire** (s'en aller), d'où
exitus, -us (la sortie, la mort) et **exitium, -ii** (ruine, destruction),
egredior, -i (sortir), **effugio, -ere** (s'enfuir), **erumpo, -ere** (se précipiter, jaillir), d'où **eruptio, -onis** (sortie soudaine), **effero, -erre**
(emporter), **effugio, -ere** (s'enfuir), **emitto, -ere** (envoyer), **eripio,
-ere** (arracher), **euello, -ere** (déraciner), **euerto, -ere** (renverser),
eiicio, -ere, expello, -ere (chasser), **exilium, -ii** (exil), **excludo, -ere**
(exclure, chasser), **exonero, -are** (exonérer), **extollo, -ere** (élever,
exalter), **excuso, -are** (excuser), d'où **excusatio, -ionis** (excuse),
erudio, -ire (dégrossir), **excogito, -are** (inventer), **eximo, -ere** (ôter,
enlever, excepter), d'où **eximius, -a, -um** (qui sort de l'ordinaire,
éminent), **expedio, -ire** (dégager le pied des entraves, délivrer,
contrairement à **impedio, -ire**, entraver), d'où **expeditus, -a, -um**
(le soldat armé à la légère) et l'intransitif **expedit** (il est avantageux)

Mouvement contraire pour appeler à soi : **euoco, -are** (faire
venir, convoquer), **excipio, -ere** (recevoir, accueillir), **exhaurio,
-ire** (vider en puisant)

Advenue, résultat : **efficio, -ere** (exécuter, accomplir, faire), **euenio, -ire** (arriver), d'où **euentus, -us** (issue, succès), **euado, -ere** (aboutir à être, finir par devenir, mais aussi échapper à)

Dépassement : **excello, -ere** (l'emporter), d'où **excellens, -entis** (supérieur, éminent), **excelsus, -a, -um** (haut, élevé, grand, noble)

Achèvement et valeur intensive : **exsequor, -i** (suivre jusqu'au bout), **expleo, -ere** (combler), **efficio, -ere** (achever), **exoro, -are** (essayer de fléchir par ses prières), **exaudio, -ire** (écouter favorablement, exaucer), **exagito, -are** (chasser devant soi, traquer, harceler), **exclamo, -are** (crier), **expeto, -ere** (désirer ardemment), **exspecto, -are** (attendre), d'où **exspectatio, onis** (attente), **existimo, -are** (juger) et **existimatio, -onis** (jugement, estime, réputation)

in- préverbe

Dans, sur, contre : **incedo, -ere** (avancer), **incido, -ere** (tomber sur), **impono, -ere** (placer sur), **illudo, -ere** (se moquer de), **induco, -ere** (amener, appliquer ; spéc. mettre en scène ; **animum** ou **in animum inducere**, se mettre en tête, se résoudre, se persuader que), **indico, -are** (indiquer, révéler), n.p.c. avec *indico, -ere* (annoncer), **impedio, -ire** (entraver), **insero, -ere, -ui, -sertum** (insérer) et **insero, -ere, -seui, -situm** (greffer, implanter, inculquer), **insto, -are** (serrer de près, poursuivre, menacer)

in-, im-, il-, i- préfixe privatif

Valeur négative ou privative : le *in* privatif latin a la même productivité que l'alpha privatif en grec et aboutit à la création d'antonymes, c'est-à-dire de couples de mots de sens opposé : **ignauus, -a, -um** (paresseux) et subst. **ignauia, -ae**, **iners, -ertis** (sans talent), **ignarus, -a, um** (ignorant) et **ignoro, -are** ; **ignosco, -ere** (pardonner), **ignotus, -a, -um** (inconnu), **ingratus, -a, -um** (désagréable, ingrat), **immodestus, -a, -um** (immodeste), **impar, -aris** (inégal), **impius, -a, -um** (impie), **impudens, -entis** (impudent) et subst. **impudentia, -ae,** adv. **impudenter, improbus, -a, -um** (malhonnête) et subst. **improbitas, -atis** ; **imprudens, -entis** (mal avisé) et subst. **imprudentia, -ae** ; **impunitas, -atis** et adv. **impune** ; **inermis, -is, -e** (sans arme), **infelix, -icis** (malheureux), **infamia, -ae** (déshonneur) et adj. **infamis, -is, -e** ; **indignus, -a, -um** (indigne), **immotus, -a, -um** (immobile), **incertus, -i** (incertain et indécis), **incolumis, -is, -e** (intact, sain et sauf : le radical a donné **calamitas, clades**), **incredibilis, -is, -e** (incroyable), **incultus, -a, -um** (non cultivé), **infirmus, -a, -um** (faible, impuissant), **inhumanus, -a, -um** (inhumain), **inimicus, -a, -um** (ennemi), **iniuria, -ae** (tort, dommage causé, litt. acte contraire au droit), **innocuus, -a, -um** (inoffensif), **innocens, -entis** (innocence) et subst. **innocentia, -ae, inops, -opis** (pauvre, sans ressources) et **inopia, -ae** (manque de ressources), **insanus, -a, -um** (fou), **insanio, -ire** (déraisonner) et subst. **insania, -ae, insolens, -entis** (inaccoutumé), **insons, -ontis** (innocent), **inutilis, -is, -e** (inutile), **inuictus, -a, -um** (invaincu et invincible), **inuisus, -a, -um** (odieux, haï), **inuitus, -a, um** (qui agit à contrecœur ; cf. sous la plume de l'historien Tacite, cité par Racine : *Titus reginam Berenicem inuitus inuitam dimisit*, « Titus renvoya la reine Bérénice, l'un et l'autre à contrecœur »), **irritus, -a, -um** (vain, non ratifié, n.p.c. avec *iratus*, irrité, fait sur *ira*, la colère)

▸ Françoise Bader, « Le conflit entre *in* préverbe et *in* privatif », *Revue des études latines* 38, 1960, 128 *sq.*

▸ Claude Moussy, « L'antonymie lexicale en latin », *Lexique et cognition*, sous la direction de Paul Valentin et Michèle Fruyt, Paris, 1998, p. 111-120 : sur le type *gratus* (agréable, reconnaissant) *vs ingratus* (désagréable, ingrat).

Inter-

Entre : **intercedo, -ere** (s'interposer, survenir entre, survenir), **interrumpo, -ere** (interrompre), **intelligo, -ere** (comprendre),

intercipio, -ere (dérober), **intersum, -esse** (différer, mais aussi participer, importer ; imp. **interest** : il importe)

Exclusion : interficio, -ere (tuer) et interfector, -oris (meurtrier), interdico, -ere (interdire)

ne-, nec-, neg-, n-

Négation : **nefas** (nom indécl. défendu), **nemo, -inis** (personne : ne-homo) **nunquam** (adv. jamais), **necopinatus, -a, -um** (imprévu, inopiné), **negotium, -ii** (affaire)

ob-, obs-, os-, os-, of-, op-

Devant, en face : **ostendo, -ere** (montrer), **offero, erre** (présenter, offrir), **occurro, -ere** (aller au devant), **obeo, -ire** (mourir)

Opposition : **obsto, -are** (faire obstacle), **obsum, -esse** (nuire), **obiicio, -ere** (opposer, reprocher), **occido, -ere** (tuer), **oppono, -ere** (opposer), **obstruo, -ere** (barrer)

per-, pel-

À travers, de bout en bout : **peragro, -are** (parcourir), **peregrinor, -ari** et subst. **peregrinatio, -onis** (voyager, voyage à l'étranger : cf. peregrinus, -i > fr. pèlerin), **percurro, -ere** (parcourir), **pergo, -ere** (poursuivre, continuer), **perficio, -ere** (achever) et **perfectus, -a, -um** (achevé), **periculum, -i** (épreuve) et **periculosus, -a, -um** (dangereux) ; **peritus, -a, -um** (habile), **pereo, -ire** (mourir), **permaneo, -ere** (durer), **perpetior, -i** (endurer), **perpetuus, -a, -um** (permanent, perpétuel), **perrumpo, -ere** (tr. fracasser ; intr. passer de force), **perscribo, -ere** (écrire de bout en bout), **persequor, -i** (poursuivre), **perseuero, -are** (persister), **perspicio, -ere** (voir clairement) et **perspicuus, -a, -um** (transparent, évident), **persuadeo, -ere** (persuader), **pellicio, -ere** (séduire), **peruenio, -ire** (parvenir)

Intensif : **perhorresco, -ere** (trembler d'effroi), **permagnus, -a, -um** (très grand), **perodi, -isse** (parfait à sens présent : haïr violemment), **perscribo, -ere** (écrire en détail), **perterreo, -ere** (terrifier), **perturbo, -are** (bouleverser) et subst. **perturbatio, -onis** (désordre, émotion), **peruerto, -ere** (anéantir)

prae-

En tête : **praeceps, -ipis** (la tête la première, droit dans l'abîme, escarpé), **praecipio, -ere** (recommander, prescrire), **praeceptum, -i** (précepte, leçon) et **praeceptor, -oris** (maître), **praecipuus, -a, -um** (principal) et adv. **praecipue, praecox, -ocis** (prématuré, précoce), **praesum, -esse** + datif (être à la tête), **praeeo, -ire** (marcher devant, devancer), **praedico, -ere** (proclamer, célébrer, chr. prêcher), **praefectus, -i** (préfet) et **praefectura, -ae, praefero, -erre** (porter devant, manifester, préférer), **praeficio, -ere** (préposer), **praemitto, -ere** (envoyer devant), **praeparo, -are** (préparer), **praepes, -etis** (qui vole en avant, terme de la langue augurale), **praescribo, -ere** (prescrire), **praesens, -entis** (présent, favorable) et **praesentia, -ae** (présence ; **in praesentia**, pour le moment, dans le moment présent), **praesto, -are** (l'emporter) et **praestans, -antis** (éminent), **praesto esse** (être à portée), **praeuideo, -ere** (prévoir)

Intensif : **praeclarus, -a, -um** (éclatant) et **praeclare** (avec éclat), **praefacilis, -is, -e** (très facile)

post-

Après : **posthabeo, -ere** (placer après)

praeter-

À côté de : **praetereo, -ire** (passer devant, à côté de, omettre), **praetermitto, -ere** (omettre, négliger)

pro-, prod-

En avant, devant : **prodo, -ere** (révéler, transmettre, mais aussi trahir), d'où **proditio, -onis** (révélation, dénonciation, trahison), **proditor, -oris** (traître), n.p. c. avec **prodeo, -ire** (s'avancer) ; **proiicio, -ere** (jeter), **profanus, -a, -um** (qui se tient en avant de l'enceinte consacrée, *pro fano*, de *fanum*, le temple, d'où profane, non initié, voire impie), **profero, -erre** (produire, révéler, étendre, différer), **proficiscor, -i** (se mettre en route, partir), **profiteor, -eri** (proclamer), **profugio, -ere** et **profugus, -a, -um** (s'enfuir, fugitif), **progredior, -di** (s'avancer, progresser), **prohibeo, -ere** (interdire, empêcher), **promitto, -ere** et **promissum, -i** (promettre, promesse), **promulgo, -are** (publier), **pronuntio, -are** (annoncer, proclamer), **propello, -ere** (repousser), **propono, -ere** (exposer, proposer), **prosequor, -i** (accompagner, mais aussi poursuivre), **prospicio, -ere** (voir devant soi, avoir en vue)

Qui va au devant de : **prosum, -desse** (être utile), **proficio, -ere** (faire des progrès, être utile)

À l'avance : **prouideo, -ere** (prévoir, pourvoir) et subst. **prouidentia, -ae** (prévoyance, providence), **proavus, -i** (aïeul)

À la place de : **proconsul, -ulis** (proconsul), **propraetor, -oris** (propréteur) : magistrats romains, anciens consuls ou préteurs, dont le mandat a été prorogé pour assurer le gouvernement d'une province.

re-, red-

En arrière : **respicio, -ere** (regarder en arrière), **redeo, -ire** (revenir), **recipio, -ere** (recevoir, accueillir ; pronom. **se recipere** : battre en retraite), **recordor, -ari** (tr. rappeler ; intr. se souvenir) et **recordatio, -onis** (souvenir) ; **recreo, -are** (ranimer ; pass. **recreari**, se remettre), **recupero, -are** (recouvrer), **reddo, -ere** (rendre), **redigo, -ere** (ramener, réduire), **redimo, -ere** (racheter), **redeo, -ire** (revenir) et **reditus, -us** (retour ; Cicéron, de retour d'exil, compose un discours de remerciement intitulé *De reditu suo*), **reduco, -ere** (ramener), **refero, -erre** (rapporter), **reficio, -ere** (réparer, restaurer), **refulgo, -ere** (renvoyer un éclat, resplendir), **reiicio, -ere** (rejeter) et subst. **reiectio, -onis** (rejet), **releuo, -are** (alléger, soulager), **relinquo, -ere** (laisser) et adj. **reliquus, -a, -um** (qui reste, restant), **reliquiae, -arum** (restes, cendres, débris), **requiro, -ere** (chercher à retrouver, réclamer), **resaluto, -are** (rendre son salut), **resido, -ere** (s'affaisser), **rescribo, -ere** (écrire en retour), **respondeo, -ere** (répondre) et **responsum, -i** (réponse, en part. d'un oracle), **restituo, -ere** (rétablir, restituer), **retineo, -ere** (retenir), **reuello, -ere** (arracher de force), **reuerto, -ere** et **reuertor, -ti** (revenir sur ses pas), **reuoco, -are** (rappeler)

Répétition (qui suppose un retour au début de l'action) : **reficio, -ere** (refaire), **redimo, -ere** (racheter), **remaneo, -ere** (rester), **renouo, -are** (renouveler), **repeto, -ere** (ramener, retrouver, reprendre par la pensée, réclamer), **repono, -ere** (replacer, mais aussi mettre de côté)

Action contraire : **recludo, -ere** (ouvrir), **recuso, -are** (refuser), **refello, -ere** (démentir, réfuter), **renuntio, -are** (annoncer et aussi renoncer, se dédire) et subst. **renuntiatio, -onis** (déclaration et seulement tard. renonciation), **repello, -ere** (repousser) et subst. **repulsa, -ae** (échec électoral), **reprehendo, -ere** (blâmer), **reprimo, -ere** (réprimer, contenir), **repudio, -are** (repousser, répudier), **repugno, -are** (résister), **resisto, -ere** (s'arrêter, tenir tête)

sed-

À l'écart, séparation : **seditio, -onis** (révolte) et adj. **seditiosus, -a, -um** (factieux), **secedo, -ere** (s'écarter), d'où **secessio, -onis** (retraite du peuple sur le mont sacré), **secerno, -ere** (séparer), d'où **secretus, -a, -um** (isolé, secret), **secreto** (adv. en secret)

sub-

Dessous, par-dessous : **subiicio, -ere** (soumettre), **subleuo, -are** (soulever, alléger, adoucir), **submoueo, -ere** (écarter), **subtraho, -ere** (soustraire), **subrepo, -ere** (s'insinuer), **subripio, -ere** (dérober), **submitto, -ere** (soumettre, faire pousser, envoyer en remplacement), **sustineo, -ere** (soutenir, endurer ; cf. la devise *Sustine et abstine*, traduite du grec Ἀνέχου καὶ ἀπέχου : « Supporte et abstiens-toi »), **suscipio, -ere** (prendre sur soi, entreprendre), n.p.c. avec *suspicio, -ere* (lever les yeux vers, admirer, soupçonner), **suspicio, -onis** (soupçon), **suspendeo, -ere** (suspendre, tenir en suspens), **sustento, -are** (soutenir, alimenter, nourrir, supporter)

À la place, à la suite de : **succedo, -ere** (succéder à) et **successio, -onis** (succession, héritage, issue) ; **subsequor, -i** (suivre), **suboles, -is** (rejeton, descendant)

super-

Au-dessus : **supersum, -esse** (être de reste, survivre, être en abondance, suffire), **superstes, -titis** (survivant), **superstitio, -onis** (superstition, observation trop scrupuleuse)

trans-, tra-

Idée de changement, de traversée : **transfuga, -ae** (déserteur), **traiicio, -ere** (traverser), **transfero, -erre** (transporter), **transgredior, -i** (traverser, franchir), **transeo, -ire** (passer, traverser) et subst. **transitus, -us** (passage), **transmitto, -ere** (transporter, transmettre), **transporto, -are** (transporter)

ue-

Privatif ou négatif : **uecors, -ordis** (insensé), **uesanus, -a, -um** (extravagant, fou)

Verbes déverbatifs

Ce chapitre est la contre-épreuve du précédent : on y touche du doigt le procédé de formation des mots qui consiste, à partir d'un même mot-matrice, ici un verbe simple exprimant une notion, à engendrer au moyen de la diversité des préfixes une famille de mots qui déploie un riche éventail de sens.

Cedere (aller, marcher, se retirer, céder) : **antecedo, -ere** (précéder), **accedo, -ere** (aborder), **abscedo, -ere** ou **recedo, -ere** (se retirer), d'où **recessio**, action de s'éloigner, **concedo, -ere** (intr. s'en aller, se retirer, tr. accorder), **decedo, -ere** (s'éloigner ; **de uita** : mourir), **discedo, -ere** (se séparer), d'où **discessus, -us** (la séparation), **incedo, -ere** (s'avancer), **intercedo, -ere** (intervenir), **praecedo, -ere** (devancer), **procedo, -ere** (s'avancer, réussir)

Capere (prendre) : **accipio, -ere** (recevoir, apprendre), **concipio, -ere** (concevoir), **decipio, -ere** (décevoir), **incipio, -ere** (commencer), **percipio, -ere** (percevoir), **praecipio, -ere** (ordonner), **recipio, -ere** (reprendre, accueillir), **suscipio, -ere** (soulever, assumer)

Censere (estimer, recenser, cf. l'opération du cens ; mais aussi juger, être d'avis, conseiller) : **recenseo, -ere** (passer en revue)

Clamare (crier) : **acclamo, -are** (crier à l'adresse de quelqu'un pour louer ou blâmer), **reclamo, -are** (se récrier, protester hautement)

Claudere (fermer, enclore) : **circumcludo, -ere** (investir de toutes parts), **intercludo, -ere** (couper la fuite, le chemin), **recludo, -ere** (ouvrir), **excludo, -ere** (exclure, empêcher)

Cingere (entourer) : **accingo, -ere** (adapter par une ceinture) et pronom. **se accingere** (se ceindre, de ses armes, de son épée, d'où **accinctus, -a, -um**, armé)

Esse (être) : **adsum, -esse** (être présent), **absum, -esse** (être absent), **desum, -esse** (manquer, faire défaut), **intersum, esse** (différer), **obsum, -esse** (nuire), **praesum, -esse** (être à la tête, commander), **prosum, -desse** (être utile, servir), **supersum, -esse** (survivre à) ; N.B. Le participe **praesens** va avec **adsum**

Facere (faire) : **adficio, -ere** (accorder, infliger), **conficio, -ere** (faire intégralement, venir à bout, accabler, anéantir), **deficio, -ere** (manquer, cf. adj. *defectus, -a, um,* épuisé, et subst. *defectus, -us,* défaillance, éclipse de la lune), **inficio, -ere** (imprégner), **interficio, -ere** (détruire, tuer), **perficio, -ere** (achever), **praeficio, -ere** (mettre à la tête de, cf. *praefectus,* part. et subst. masc., qui est à la tête de : **aerarii,** intendant du trésor, **classis,** commandant de la flotte, **praetorii,** préfet du prétoire, **Vrbis,** préfet de Rome), **proficio, -ere** (avancer, faire des progrès), **reficio, -ere** (refaire, restaurer), **sufficio, -ere** (intr. être suffisant)

Ferre (porter) : **adfero, -erre** (apporter), **aufero, -erre** (enlever), **confero, -erre** (apporter ensemble, rapprocher), **differo, -erre** (disperser, différer), **infero, -erre** (porter dans, sur, contre), **transfero, -erre** (déplacer)

***Gredi** (avancer) : **aggredior, -di** (aller vers, s'approcher, attaquer, entreprendre), **congredior, -di** (se réunir), **egredior, -di** (s'en aller, sortir), **ingredior, -di** (entrer dans, s'avancer, aborder), **progredior, -di** (s'avancer, progresser), **transgredior, -di** (dépasser, transgresser)

Currere (courir) : **accurro, -ere** (accourir), **incurro, -ere** (fondre sur, d'où **incursio, -onis,** attaque, incursion), **excurro, -ere** (faire une sortie, d'où **excursio, -onis,** sortie, irruption et rhét. digression), **percurro, -ere** (parcourir), **succurro, -ere** (secourir)

Claudere (fermer, cf. *claustrum, -i,* barre, serrure) : **intercludo, -ere** (fermer l'accès), **circumcludo, -ere** (enclore de toutes parts), **recludo, -ere** (ouvrir)

Cubare (être couché, au lit, à table) : **accumbo, -ere** (s'étendre, notamment sur le lit de table, d'où être à table), **succumbo, -ere** (succomber)

Emere (acheter) : **redimo, -ere** (racheter) ; à noter : **perimo, -ere** (détruire)

Ire (aller) : **adeo, -ire** (aborder), d'où **aditus, -us** (abord, accès), **abeo, -ire** (s'en aller), **circumeo, -ire** (faire le tour, cf. *circuitus, -us*), **coeo, -ire** (se réunir, cf. *coitus, -us*, réunion) **exeo, -ire** (sortir, cf. *exitus, -us*, sortie, *exitium, -ii*, perte, désastre), **ineo, -ire** (commencer, cf. *initium, -ii*, commencement), **intereo, -ire** (mourir, cf. *interitus, -us*, mort), **obeo, -ire** (mourir), **pereo, -ire** (mourir), **praetereo, -ire** (dépasser, négliger), **redeo, -ire** (revenir, cf. *reditus, -us*), **transeo, -ire** (franchir, cf. *transitus, -us*, passage et *transitio, -onis*, passage et rhét. transition)

Fluere (couler) : **affluo, -ere** (couler vers, arriver en abondance), **confluo, -ere** (confluer, affluer), voir aussi **circumfluo, -ere, defluo, -ere, effluo, -ere** et enfin **influo, -ere** (se jeter, s'insinuer)

Fungor (s'acquitter de), **defungor, -i**, et **perfungor, -i** ont le même sens ; **defunctus, -a, -um** (qui s'est acquitté de la vie, défunt)

Horrere (se hérisser, trembler, redouter) : **abhorreo, -ere** (avoir de l'aversion, répugner, et, en parlant de choses, être incompatible), **perhorresco, -ere** (frissonner de tout le corps, avoir en horreur)

Jungere (unir) : **adjungo, -ere** (attacher, ajouter), **abjungo, -ere** (dételer, séparer), **sejungo, ere** (désunir), **subjungo, -ere** (atteler, soumettre, subordonner, ajouter)

Labi (glisser, couler) : **delabor, -i** (tomber), **dilabor, -i** (se disperser, s'échapper), **relabor, -i** (retomber, refluer)

Mouere (mouvoir, émouvoir, ébranler) : **amoueo, -ere** (détourner, écarter), **demoueo, -ere** (écarter, faire sortir), **promoueo, -ere** (faire avancer, étendre)

Prehendo (saisir) : **apprehendo, -ere, comprehendo, -ere** (saisir), **deprehendo, -ere** (surprendre)

Ponere (poser) : **compono, -ere** (réunir, composer), **dispono, -ere** (disposer), **expono, -ere** (exposer), **depono, -ere** (déposer),

dispono, -ere (distribuer, ordonner), **praepono, -ere** (mettre à la tête), **propono, -ere** (proposer), **sepono, -ere** (mettre de côté), **transpono, -ere** (transposer)

Quaerere (chercher) : **conquiro, -ere** (chercher avec passion), **acquiro, -ere** (acquérir)

Rumpere (rompre) : **prorumpo, -ere** (s'élancer, se précipiter), **irrumpere** (se précipiter dans)

Scribere (écrire) : **describo, -ere** (décrire), **proscribo, -ere** (proscrire), **rescribo, -ere** (écrire en retour ou de nouveau)

Sequi (suivre) : **adsequor, -i** et **consequor, -i** (atteindre, obtenir), **exsequor, -i** (poursuivre, achever), **obsequor, -i** (déférer à, obéir à), **persequor, -i** (poursuivre, accomplir), **prosequor, -i** (poursuivre, accompagner)

*****Spicere** (voir) : **adspicio, -ere** (voir), **circumspicio, -ere** (regarder autour), **despicio, -ere** (regarder d'en haut, mépriser), **inspicio, -ere** (inspecter), **conspicio, -ere** (apercevoir) **prospicio, -ere** (regarder en avant, prévoir), **suscipio, -ere** (soulever, adopter, assumer, entreprendre)

Spectare (fréqu. de voir) : **exspecto, -are** (attendre) et subst. **expectatio, -ionis** (attente)

Stare (se tenir debout) : **consto, -are** (se tenir, être constitué ou composé, s'accorder avec), **disto, -are** (être éloigné, différent), **exto, -are** (dépasser, se montrer, exister), **insto, -are** (être imminent), **obsto, -are** (+ dat : faire obstacle), **praesto, -are** (+ dat : l'emporter sur), **prosto, -are** (intr. : être exposé, profané)

Surgere (se lever) : **adsurgo, -ere** (se lever ; *alicui* : pour faire honneur à quelqu'un), **consurgo, -ere** (se lever ensemble), **resurgo, -ere** (se relever ; cf. subst. chrét. *resurrectio, -onis*)

Tendere (tendre) : **extendo, -ere** (étendre, prolonger), **protendo, -ere** (même sens), **praetendo, -ere** (mettre en avant, par ex. une excuse, prétexter)

Turbare (troubler) : **conturbo, -are** (troubler violemment), **deturbo, -are** (jeter à bas, déloger), **exturbo, -are** (chasser brutalement, expulser)

Vellere (arracher) : **auello, -ere** (arracher), **conuello, -ere** (arracher, ébranler), **diuello, -ere** (déchirer, séparer)

Venire (venir) : **aduenio, -ire** et **euenio, -ire** (arriver), **obuenio, -ire** (se présenter à, échoir), **prouenio, -ire** (pousser, se produire), **subuenio, -ire** (venir au secours), **circumuenio, -ire** (entourer, tendre des filets autour, traquer, circonvenir)

2. SUFFIXATION

On a vu que les préfixes se placent avant le radical pour créer une modalité particulière du sens sans changer la nature grammaticale des mots (sur le verbe *ire,* aller, l'adjonction du préfixe *ex-* fournit un autre verbe, *exire,* qui signifie sortir, et celui du préfixe *re-, red-,* un autre verbe, *redire,* qui signifie revenir).

Les suffixes, qui se placent après le radical, ont une double fonction : d'abord, une fonction grammaticale ou syntaxique, dans la mesure où il y a des suffixes de substantifs (*amator*), des suffixes d'adjectifs (*amabilis*), de verbes (*amare*) et d'adverbes (*amanter*), tout comme il y a des suffixes de noms masculins (*poeta, dominus*), féminins (*poesis, rosa*) ou neutres (*templum, poema*).

Mais, à l'intérieur de chacune de ces catégories grammaticales s'opère une nouvelle série de spécifications qui concerne des valeurs ou des fonctions sémantiques : ainsi, parmi les suffixes de noms, on distingue ceux qui servent à former des noms d'agent (*-ter, -tor*), d'action (*-tio*), d'état (*-tas*), etc. ; parmi les suffixes d'adjectifs, ceux qui expriment la potentialité (*-ilis*), ceux qui portent une dépréciation (*-osus*), etc. Rappelons qu'un des grands livres de la linguistique du siècle dernier est celui d'Émile Benveniste, *Noms d'agent et noms d'action en indo-européen* (1948).

La production est si riche qu'il arrive que plusieurs suffixes aient peu ou prou la même valeur, au point que l'on puisse parler de « synonymie syntaxique » : c'est le cas des suffixes *-ter*, *-tor* ou *-men* et *-mentum*. On a classé dans les tableaux suivants les formations les plus productives.

N.B. Dans la mesure où nombre des mots énumérés ci-après sont passés directement en français et offrent un sens transparent (*arbiter*, arbitre), ne seront traduits que les mots dont le sens n'est pas immédiatement évident.

Suffixes formateurs de noms

-ter (gén. *-tri*), cf. gr. -τερος, noms d'agent : **arbiter, magister, administer** (aide, agent)

-tor (gén. *-oris*), noms d'agent : **accusator, adiutor** (aide, assistant), **amator, arator** (laboureur), **auctor** (garant, instigateur, auteur), **caelator** (graveur), **competitor, consultor, fautor** (défenseur, partisan), **genitor, gladiator, interfector** (meurtrier), **inuentor, laudator, lictor, mercator, moderator, nomenclator** (l'esclave chargé de nommer les citoyens à son maître au fur et à mesure des rencontres), **orator, pastor, pictor, praetor, propugnator** (*pro* et *pugnare* : défenseur, champion), **quaestor, raptor** (ravisseur), **rector, rhetor, saltator, sator** (semeur), **scriptor, senator, uenator** (chasseur), **uictor**

-sor (gén. *-oris*), noms d'agent : **defensor, censor**

-or (gén. *-oris*) : on a recensé un ensemble de plus de 100 noms désignant des impressions des sens, des sentiments, des émotions :

- couleur et lumière : **color, candor, fulgor** (éclair, éclat : cf. fr. fulgurant), **splendor, nitor** (éclat, brillant), **pallor, livor** (couleur bleu plombé : cf. fr. livide ; désigne au figuré l'envie), **rubor** (couleur rouge, rouge de la honte, de la pudeur, d'où honte ou pudeur)

- bruit : **clamor, rumor, fragor** (d'abord fracture, cf. *frangi*, puis bruit éclatant), **clangor** (cri de certains oiseaux, son de la trompette, aboiement des chiens, cf. le verbe *clango*, crier, retentir), **plangor** (action de frapper, cf. *plango*, coups que l'on se donne dans la douleur, d'où lamentation ; le *planctus* médiéval, chant de lamentation), **stridor** (son aigu, perçant, strident)

- chaleur et froid : **calor, uapor, ardor, tepor** (tiédeur), **frigor, algor** (froid)

- autres : **sapor** (saveur), **rancor** (aigreur, rancœur), **languor, stupor, furor, dolor, labor** (travail, fatigue), **angor, pauor** (effroi), **horror, pudor, maeror** (état de celui qui est **maestus**, comme **maestitia** : tristesse, abattement), **tremor, terror**

▸ Henri Quellet, *Les Dérivés latins en -or*, Paris, 1969.

-ities, -icies (gén. *-ei*) : tôt supplantés par les doublets en *-itia,* (voir ci-après), mais gardant le prestige de l'ancienneté, ils désignent des qualités physiques : **durities, mollities, planities** (surface plane, plaine), **canities** (blancheur des cheveux, vieillesse) ; ajouter **pernicies** (ruine, perte)

-ia, -tia, -itia (gén. *-ae*) : ils désignent des qualités ou dispositions morales : **abstinentia, adulescentia, amentia** (démence, folie), **amicitia, arrogantia, audacia, auaritia, beneuolentia, blanditia** (caresse), **clementia, concordia, continentia, conscientia, controuersia, contumelia** (outrage, à distinguer de **iniuria**, dommage, préjudice), **custodia** (garde), **desidia** (paresse), **diligentia, discordia, fiducia** (confiance en quelqu'un ou en soi, assurance), **frequentia, gratia** (à la fois faveur et reconnaissance, et aussi grâce, *i.e.* Charme ; + abl. pour l'amour de, en faveur de : **exempli gratia**, par exemple, **mea gratia**, en ma faveur), **imprudentia, impudentia, inimicitia, iniuria, innocentia, inopia** (*in-ops* : disette, dénuement), **insania** (déraison), **intelligentia,**

intemperantia, inuidia (malveillance, jalousie), **laetitia** (joie), **licentia, luxuria, maestitia, magnificentia, maleuolentia, misericordia, modestia, molestia** (gêne), **nequitia** (méchanceté, mauvaiseté), **notitia** (notoriété ; connaissance), **obseruantia, patientia, perfidia, potentia, praesentia, prudentia, pudicitia, pueritia** (enfance), **sapientia, scientia, sententia** (opinion, avis, pensée, formule), **superbia, stultitia, temperantia, uerecundia** (respect), **uigilantia**

-tio, -cio, -sio (gén. *-onis*), noms d'action : **absolutio, accusatio, admiratio, adulatio, aedificatio, aestimatio, ambitio, cogitatio, cognatio** (parenté, n.p.c. avec *cognitio*, action d'apprendre, connaissance, jur. enquête), **commemoratio, commendatio, commutatio, compressio, coniuratio, conquestio** (action de se plaindre : cf. *queror, querela*), **consensio** (accord), **consolatio, contentio** (rivalité), **deditio** (reddition, capitulation), **defectio, defensio, delectatio, denuntiatio, desperatio, deuotio** (sacrifice rituel, dévouement, dévotion), **dimicatio** (combat, bataille), **direptio** (ravage), **disputatio, discessio** (séparation), **dominatio, dubitatio** (doute), **elucubratio** (travail fait à la lumière de la lampe), **emptio** (achat), **eruditio** (instruction), **excursio** (sortie), **exercitatio, existimatio** (jugement, réputation), **expectatio, factio** (association, parti politique : cf. fr. faction), **gratulatio, iactatio** (ostentation, vantardise : cf. fr. jactance), **lamentatio, largitio, laudatio, legatio, moderatio, munitio** (travail de fortification), **mutatio, nauigatio, occupatio** (action d'occuper ou de prévenir ; occupation, activité), **offensio, oppugnatio** (attaque, siège), **pabulatio** (action de fourrager, pâture), **peregrinatio, perturbatio, petitio, postulatio, precatio, proditio** (trahison), **quaestio** (enquête, problème, torture), **ratio, recordatio, reiectio, renuntiatio, reprehensio, seditio, simulatio, spoliatio, successio, suffragatio, supplicatio, suspicio, trepidatio, uacatio** (exemption, dispense), **uenatio** (chasse)

-tus (gén. *-us*) : ils correspondent la plupart du temps à des verbes intransitifs ou à l'emploi absolu d'un verbe transitif : **aduentus, ambitus, circuitus, comitatus, commeatus** (passage, convoi, congé, ravitaillement), **conatus** (effort), **conspectus** (vue, regard,

aspect), **consulatus, conuentus** (assemblée), **crepitus, cruciatus, euentus, exercitus, fremitus, habitus** (manière d'être), **luctus** (deuil), **magistratus, motus, ornatus, principatus, quaestus** (gain), **reditus** (retour), **sonitus** (son, retentissement), **strepitus** (bruit, tumulte)

> ▸ Jules Marouzeau, « Notes sur la fixation du latin classique »,
> *Mémoires de la Société de linguistique de Paris* 18, 1914, p. 154 *sq.*
> (sur la concurrence de ces deux formes suffixales).

-tas (gén. *-atis*) : comme le mot *qualitas* lui-même, créé par Cicéron pour rendre le mot grec ποιότης, ce suffixe indique une qualité dans les noms qui suivent, lesquels sont passés directement dans notre langue en conservant leur sens : **acerbitas** (acreté, âpreté), **aedilitas, aequitas, aeternitas, antiquitas, auctoritas, atrocitas, assiduitas, auiditas, calamitas, celeritas, celebritas, caritas, ciuitas, crudelitas, cupiditas, difficultas, dignitas, diuturnitas, familiaritas, felicitas, fidelitas, firmitas, grauitas, hereditas, honestas, humanitas, immortalitas, impunitas, infirmitas, integritas, lenitas, leuitas, liberalitas, maturitas, necessitas, nobilitas, nouitas, paucitas, paupertas, pietas, posteritas, sanctitas, satietas, simultas** (rivalité, fait sur *simul*), **societas, suauitas, temeritas, urbanitas, utilitas, uarietas, uastitas, uetustas, uicinitas, uoluntas, uoluptas**

-tura (gén. *-ae*) : praefectura, mercatura, usura, pictura, agricultura, natura

-tudo (gén. *-udinis*) : Ce suffixe a beaucoup perdu de son extension, pourtant il exprime encore un riche éventail de valeurs :

- un état : **aegritudo** (tristesse), **amaritudo** (amertume), **beatitudo** (bonheur), **certitudo** (certitude), **consuetudo** (habitude), **lassitudo** (fatigue), **necessitudo** (parenté, n.p.c. avec *necessitas*, nécessité), **quietudo** (quiétude), **servitudo** (esclavage), **similitudo** (ressemblance), **solitudo** (solitude, désert), **sollicitudo** (inquiétude)

- une mesure, dimension, quantité ou qualité : multitudo, longitudo, latitudo, altitudo, magnitudo, amplitudo, infinitudo, crassitudo (épaisseur), claritudo, uastitudo

- les propriétés ou qualités du corps ou de l'âme : **aptitudo, claritudo, firmitudo, fortitudo** (courage), **hebetudo** (état d'une chose émoussée, puis stupidité), **mansuetudo** (douceur des animaux apprivoisés par la main, douceur, bienveillance), **promptitudo, pulchritudo** (beauté), **turpitudo** (laideur), **similitudo et uerisimilitudo, ualetudo** (santé, bonne santé, mais aussi mauvaise santé), **uicissitudo** (alternative)

> ▸ Henri Quellet, « Les dérivés latins en -*tūdō* : étude lexicographique et statistique », *Museum Helveticum* 48, 1991, p. 281 *sq.*

-*aster* (gén. -*tri*) : désignant une similitude approximative, ce suffixe est péjoratif, cf. fr. -astre ou -âtre) : **oleaster** (olivier sauvage), **philosophaster** (prétendu philosophe)

-*us* (gén. -*us*) : **concessus** (consentement : cf. *concedo*), **discessus** (séparation, départ : cf. *discedo*), **cursus** (course, cours, carrière, cf. *curro, cursus honorum*)

-*ium* (gén. -*ii*) : désigne notamment des états d'âme : **gaudium** (joie), **odium** (haine), **taedium** (dégoût, ennui), **fastidium** (dégoût), **desiderium** (désir et regret), **studium** (zèle), mais aussi : **artificium, commercium, hospitium, domicilium, exilium** ou **exsilium, proelium** (combat), **seruitium** (esclavage), **silentium, suffragium, supplicium, testimonium** (témoignage), **conuiuium** (repas)

-*ma* (gén. -*matis*) : emprunté au grec, ce suffixe sert à former des termes techniques appartenant à des secteurs lexicaux bien déterminés (médecine, littérature, artisanat, etc.) : **diadema, emblema, enthymema, lacrima** (larme), **poema, aenigma, dogma, epigramma, stratagema, toreuma** (ouvrage ciselé), **problema, stemma** (guirlande, arbre généalogique), **baptisma, chrisma** (chrét. onction), **drama, anathema** (offrande, ex-voto ; chrét. excommunication), **idioma, phlegma, stroma** (couverture, tapis ; les *Stromates*, ouvrage bigarré de Clément d'Alexandrie), **systema, agalma** (statue), **dilemma, syntagma** (recueil, traité)

> ► Jacques André, *Emprunts et suffixes nominaux en latin,* Genève, 1971.

-*men* (gén. -*minis*), -*mentum* (gén. -*menti*), noms de genre inanimé : **agmen** (armée en colonne de marche), **numen** (volonté divine, divinité), **carmen** (chant) ; **instrumentum, momentum** (mouvement, impulsion, importance, moment), **monumentum, excrementum**

Ces deux formations parallèles et concurrentes ont été étudiées par Jean Perrot qui, dans *Les Dérivés latins en* -*men* et -*mentum* (Paris, 1961), a recensé 236 mots usités en -*men* et 307 en -*mentum.*

-*monium* (gén. -*ii*), rare, spécialisé dans les termes juridiques : **patrimonium, matrimonium, testimonium, uadimonium** (engagement pris en donnant une caution, *uas, uadis*)

-*monia* (gén. -*ae*) : **acrimonia** (âcreté, acidité, énergie), **aegrimonia** (chagrin), **caerimonia** (respect religieux, culte, rite)

-*itium,* -*icium* (gén. -*ii*) : **hospitium** (hospitalité, liens d'hospitalité), **seruitium** (servitude ; coll. les esclaves), **sodalicium** (confrérie, association)

-*ex* (gén. -*icis*), noms d'animaux et parties du corps, végétaux et minéraux : **culex** (moucheron ; le *Culex* ou *Moucheron* est le titre d'un poème de jeunesse attribué à Virgile), **pulex** (poux), **sorex** (souris) ; **cortex** (écorce), **podex** (le derrière, l'anus), **frutex** (arbrisseau), **ilex** (chêne), **silex** (caillou, roche) (n.p.c. avec les mots composés étudiés plus loin : *iudex, uindex, pontifex, artifex*)

-o long (suffixe augmentatif, gén. *-onis*) : **praedo** (faiseur de butin, *praeda*, voleur, brigand), **bucco** (bavard ou joufflu, personnage d'atellane), **gulo** (glouton), **pedo** (qui a un grand pied, *cognomen* du poète Albinovanus Pedo), **naso** (qui a un grand nez, *cognomen* du poète Ovide, P. Ovidus Naso), **fronto** (qui a un grand front, *cognomen* de M. Cornelius Fronton, rhéteur et maître de l'empereur Marc Aurèle)

-go (gén. *-ginis*), nomme des altérations et par suite des maladies, des anomalies : **farrago** (fatras), **lumbago, prurigo, robigo** (rouille), **uertigo**

-brum (gén. *-i*), *-bra* (gén. *-ae*) : **candelabrum** (candélabre), **delubrum** (sanctuaire), **dolabra** (hache), **latebra** (cachette), **uertebra** (jointure), pl. **illecebrae** (séduction)

-bula (gén. *-ae*), *-bulum* (gén. *-i*) : plus large que l'instrumental, ce suffixe, appelé médiatif par Guy Serbat, *Dérivés nominaux latins à suffixe médiatif*, 1975, est celui qui permet la réalisation du concept exprimé par la base : **cunabula** et **incunabula** (berceau), **fabula** (propos de la foule, cf. *for, fari*, parler ; récit, conte ; spéc. pièce de théâtre, le théâtre étant le lieu du parlé), **fibula** (agrafe), **latibulum** (cachette, repaire : cf. *lateo*), **mandibula** (mâchoire : cf. *mando*, mâcher) ; **nebula** (nuage), **pabulum** (fourrage, aliment), **patibulum** (barre de bois qu'on plaçait horizontalement sur le cou du condamné), **stabulum** (lieu où l'on séjourne : gîte, étable, écurie, bouge), **prostibulum** (lieu de prostitution), **tabula** (planche), **tintinnabulum** (grelot, clochette), **uestibulum** (salle d'attente), **uocabulum**

-clum ou *-culum* (gén. *-i*), pour l'instrument d'une action : **adminiculum** (appui), **crepitaculum** (crécelle), **cubiculum** (chambre à coucher), **curriculum** (course), **deverticulum** (gîte), **ferculum** (plat), **gubernaculum** (gouvernail), **habitaculum** (demeure), **miraculum** (chose surprenante, miracle), **obstaculum** (obstacle), **operculum**

(couvercle), **oraculum** (oracle), **periculum** (épreuve, péril), **perpendiculum** (fil à plomb), **piaculum** (moyen d'expiation), **poculum** (vase à boire), **propugnaculum** (poste de défense), **receptaculum** (refuge, lieu de dépôt), **retinaculum** (attache), **saeculum** (génération, siècle), **spectaculum** (gradin de théâtre, spectacle), **tabernaculum** (tente), **uehiculum** (moyen de transport)

-crum (gén. *-i*) : **ambulacrum** (lieu de promenade), **lauacrum** (bassin), **lucrum** (bénéfice), **sepulcrum** (tombeau), **simulacrum** (image, statue)

-ulus, (gén. *-i*), *-ula* (gén. *-ae*), diminutif affectueux, minoratif : **adolescentulus** (tout jeune homme), **filiolus** (fiston), **aedicula** (chapelle), **hortulus** (jardinet), **libellus** (opuscule), **agellus** (lopin), **uirgula** (petite baguette), **sororcula** (sœurette), **animula** (*Animula vagula blandula*, « Âmelette vaguelette doucelette » : ainsi commence un poème mélancolique de l'empereur Hadrien, adieu à la vie que Marguerite Yourcenar a placé en exergue de son livre, *Mémoires d'Hadrien* ; ce vers montre qu'avec la même valeur ce suffixe sert à former aussi bien aussi bien des adjectifs que des substantifs, et l'on verra plus loin qu'il affecte également les verbes) ; de l'expression de la petitesse et de l'affection, on passe volontiers au sens péjoratif : **graeculus** (péj. petit grec, grécaillon), **muliercula** (femmelette), **uersiculi** (petits vers)

Suffixes formateurs d'adjectifs

-lus, -a, -um, diminutif : **bellus** (joli), **misellus** (pauvret), **pauperculus** (petit pauvre)

-ilis, -is, -e, valeur potentielle : **similis** (semblable), **dissimilis** (dissemblable), **fragilis** (fragile, frêle, cassant), **habilis** (commode, adapté) **possibilis** (possible), **probabilis** (probable), mais aussi sens d'appartenance : **ciuilis** (civil), **hostilis** (d'ennemi), **uirilis** (viril)

-bilis, -is, -e, sens passif modal : qui peut ou doit être : **admirabilis** (admirable), **amabilis** (aimable), **credibilis** (crédible), **culpabilis**

(coupable), **flebilis** (digne d'être pleuré, affligeant), **honorabilis** (digne d'être honoré), **terribilis** (terrifiant), **horribilis** (horrible), **incredibilis**

-undus, -a, -um : **fecundus** (fécond, fertile, abondant), **iucundus** (sur *iuuo,* aider, faire plaisir, bien qu'une étymologie populaire le rapproche de *iocus,* jeu, plaisanterie)

-bundus, -a, -um : **ludibundus** (qui joue, en se jouant), **pudibundus** (honteux, infâme), **laetabundus** (qui se réjouit : cf. *laetitia,* joie)

-icus, -a, -um, suffixe d'appartenance à un groupe ; hérité de l'indo-européen, il a donné, mis à part **unicus** (unique) et **modicus** (modéré), des adjectifs appartenant au vocabulaire politique, militaire et social : **ciuicus** (remplacé par *ciuilis*), **classicus, bellicus, hosticus** (remplacé par *hostilis*), **publicus** (cf. les formations parallèles en grec : πολιτικός, πολεμικός) ; des adjectifs formés sur des noms de peuples et de régions : **africus, arabicus, britannicus, asiaticus, italicus, gallicus, macedonicus,** etc., comme en grec chez Homère Ἀχαϊκός et Τρωϊκός, et avec cette acception a donné de nombreux *cognomina* de vainqueurs, par ex. **Germanicus** (le Germanique), concurrencé en cette fonction par le suffixe *-anus,* comme dans **Africanus,** surnom de deux Scipion ; enfin quelques adjectifs dont la base est un nom commun : **aulicus** (courtisan, de *aula,* la cour), **uilicus** (fermier, de *uilla,* la ferme), **tenebricus** (de *tenebrae,* les ténèbres, à côté de *tenebrosus* et de *tenebricosus*), **modicus** (de *modus,* mesure)

Mais il a reçu un renfort des adjectifs à suffixe *-ikos,* qui avait connu en Grèce en raison de son rôle de classificateur un développement considérable dans le dernier tiers du Vᵉ siècle et tout au long du IVᵉ siècle pour la constitution d'un vocabulaire philosophique et scientifique. Les adjectifs suivants, tous des calques du grec et tous passés directement avec le même sens en français, appartiennent pour la plupart au domaine scientifique : **academicus, athleticus, criticus, grammaticus, geometricus, heroicus, logicus,** lyricus, mathematicus, mimicus, nauticus, philosophicus, physicus, poeticus, rhetoricus, rythmicus, scaenicus, stoicus, tyrannicus, empiricus, et aussi : homericus, socraticus, platonicus, saphicus

-ticus, -a, -um : ce suffixe s'ajoute à des bases en *a* de la première déclinaison et de la première conjugaison : aquaticus, cenaticus (de *cena*, donc qui a rapport au dîner), erraticus (de *errare*), lunaticus, lymphaticus (agité, fou), siluaticus (de bûcheron, sauvage), umbraticus (qui vit à l'ombre, en part. de l'école, du cabinet), uenaticus (relatif à la chasse, de *venor, uenari*, chasser), uiaticus (de voyage), uillaticus (relatif à la maison de campagne, *uilla*), ainsi qu'à deux bases anciennes en *s* : domesticus (de *domus*, la maison), rusticus (de la campagne, *rus*, rustique, grossier).

> Michèle Fruyt, *Problèmes méthodologiques de dérivation à propos des suffixes latins en -cus*, Paris, 1986.

-arius, -a, -um : sagittarius (propre à faire des flèches ; subst. archer ; avec la majuscule, désigne la constellation du Sagittaire), frumentarius (concernant le blé ; subst. marchand de blé), senatorius (de sénateur), nefarius (abominable, criminel : cf. *nefas*)

-ax, -acis, parfois dépréciatif : audax (hardi), capax (spacieux, capable), pugnax (belliqueux), ferax (productif, très fécond), contumax (obstiné, rebelle), dicax (railleur), edax (glouton : cf. *edo, edere*, manger), fallax (trompeur), linguax et loquax (bavard), mendax (menteur), mordax, procax (effronté), rapax (voleur), salax (lascif, lubrique), uorax (vorace)

-ox, -ocis : atrox, ferox, anciens composés (*ater* et *oculus*, *ferus* et *oculus* : cf. gr. ὤψ, le visage)

-osus, -osa, -osum, souvent dépréciatif : uinosus (adonné au vin ou pris de vin), famosus (perdu de réputation, *fama*), clamosus (braillard), ambitiosus (ambitieux), mais : animosus (qui a du cœur, hardi, avant de signifier coléreux), **officiosus** (obligeant), **operosus** (laborieux), **otiosus** (oisif), **contumeliosus** (outrageant), **luctuosus** (qui cause du chagrin, **luctus**), **formidolosus** (peureux mais aussi, inversement, effrayant, terrible), **fastidiosus** (dédaigneux et qui produit du dégoût, **fastidium**), **flagitiosus** (honteux, déshonorant), **pretiosus** (précieux)

-cus, -a, -um, pour désigner des tares physiques : **aduncus** (crochu), **caecus** (aveugle), **cascus** (ancien), **claudicus** (boiteux), **coruscus** (agité, tremblant ou étincelant), **ebriacus, famelicus, flaccus** (flasque, aux oreilles pendantes ; c'est le surnom du poète Horace, Quintus Horatius Flaccus), **fuscus** (sombre, basané ; c'est le surnom d'un grammairien et poète, ainsi que d'un adulateur de Domitien), **hiulcus** (fendu, béant), **lubricus** (glissant, dangereux, impudique, d'où lubrique), **luscus** (qui louche, borgne), **Maccus** (personnage de niais grotesque des farces appelées atellanes, imbécile), **mancus** (manchot, formé sur **manus**, la main ; puis estropié), **manducus** (cf. *mando*, mâcher, dévorer : goin-fre, glouton), **mendicus** (mendiant), **parcus** (économe), **paucus** (peu nombreux), **petulcus** (qui cosse avec ses cornes, effronté), **plautus** (qui a les oreilles pendantes ou les pieds plats ; c'est le surnom du poète comique Titus Maccius Plautus, que nous appelons Plaute), **raucus, siccus, spurcus** (sale), **truncus** (mutilé, tronqué)

N.B. Dès 1912 (cf. *Recueil*, Genève, 1922, reprint 1970, p. 595-599), Ferdinand de Saussure avait étudié la fonction de l'analogie comme force créatrice d'unités lexicales et il avait défini cinq caractéristiques formelles des mots désignant les défauts : dissyllabie, diphtongaison, vocalisme *a*, séquence *-cus*, consonne géminée. Mais tous les défauts physiques ne portent pas le suffixe *-cus*, comme notamment : **blaesus** (bègue), **paetus** (qui louche légèrement et agréablement : on dit « une coquetterie dans l'œil » ; Paeta était une épithète de Vénus et Paetus le surnom d'Aulus Caecina Paetus, époux de l'héroïque Arria, condamné à mort sous Claude), **scaeuus** (gauche), **claudus** (boiteux).

Suffixes formateurs d'adverbes

-e long : **bene, male** (bien, mal), **aeque** (également), **alte** (en haut, de haut, profondément, de loin)

-ter : **constanter** (invariablement, avec constance), **prudenter** (avec prudence, clairvoyance), **imprudenter** (par ignorance, imprudemment), **aliter** (autrement)

-tim : **partim** (en partie), **paulatim** (peu à peu, insensiblement), **pedetemptim** (en marchant avec précaution, peu à peu)

-o : **multo** (beaucoup, devant un comparatif)

-a : **antea** (avant, auparavant)

-ulum, -ule : **paululum** (quelque peu), **pauxillum** (très peu), **clanculum** (diminutif de *clam* : en cachette) ; **meliuscule** (un peu mieux), **saepiuscule** ou **saepicule** (un peu souvent)

Suffixes formateurs de verbes

Dénominatifs et déverbatifs

On appelle **dénominatifs** les verbes dérivés d'une forme nominale, nom ou adjectif, et **déverbatifs** des noms, mais aussi et surtout des verbes, dérivés d'une forme verbale.

60 % des verbes latins sont des formations secondaires à partir de thèmes nominaux auxquels s'ajoute le suffixe qui distingue les quatre conjugaisons (*a* long de *amare, e* long de *delere, e* bref de *capere, i* long de *audire*), soit directement (*anima > animare, saluus > saluare, fuga > fugere, tussis > tussire*), soit précédé d'un élargissement comme le suffixe *-sc-* dans *albus, albescere*).

> ► Xavier Mignot, *Les Verbes dénominatifs latins*, Paris, 1969.

Premier cas : formations sans élargissement

Parmi ces formations, la plus riche est celle des verbes rattachés à la première conjugaison.

-are (*a* long ; passif-déponent *-ari*) : ce suffixe, de loin le plus productif (il représente à lui seul 85 % de l'ensemble), a servi à former d'innombrables verbes dénominatifs exprimant l'action, d'abord sur des noms et adjectifs de la première déclinaison (*anima, -ae* > **animare**, *corona, -ae* > **coronare**), mais aussi, par extension, de la deuxième (*dominus, -i* > **dominare**, *regnum, -i* > **regnare**, *clarus, -a, -um* > **clarare**), de la troisième (*uulnus, -eris* > **uulnerare**), de la quatrième (*fluctus, -us* > **fluctuare**), de la cinquième (*luxuries, -iei* > **luxuriare**)

-ere (*e* long) : il s'est développé, face à *-are* qui exprime généralement l'activité, pour exprimer l'état : formé sur l'adjectif *clarus*, le factitif **clarare** veut donc dire rendre clair, mais **clarere** signifie être clair ; sur *saluus*, **saluare** signifie rendre valide, sauver, mais **saluere** veut dire être valide, être en bonne santé (cf. la salutation : *Salue*, « Porte-toi bien »)

-ere (*e* bref) : de façon analogue, à partir de *fuga* (fuite) et à côté du factitif **fugare** (mettre en fuite), le latin se donne le transitif **fugere**, fuir (cf. saint Bernard : *Hostem nec fugere nec fugare possumus*, « Nous échouons et à fuir l'ennemi et à le mettre en fuite »)

-ire (*i* long) : ce suffixe s'est développé normalement à partir de noms et adjectifs en *i* : à partir de *lenis, mollis, finis, uestis* on dériva **lenire, mollire, finire, uestire** ; mais aussi sur *superbus* on a fait **superbire**, sur *insanus,* **insanire**

Ajoutons :

-uere : on ne trouve dans le latin classique que dix ou douze dénominatifs simples en *-uere*, par ex. *metus, -us* > **metuere** ; *acus, -us* > **acuere** ; *status, -us* > **statuere**

N.B. Il arrive souvent, comme on le vérifiera dans la liste qui suit, que sur le premier dérivé en soit créé un second ou plusieurs autres par l'adjonction de préfixes faisant jouer la déverbation.

Première conjugaison

Aestus, -us (bouillonnement) > **aestuare** (bouillonner)

Anima, -ae (âme) > **animare** (dénominatif : donner la vie), et le déverbatif **exanimare** (ôter la vie, tuer)

Aptus, -a, -um (adapté, approprié) > **aptare** (adapter)

Celeber, -bris, -bre (fréquent, célèbre) > **celebrare** (fréquenter, célébrer)

Cena, -ae (dîner) > **cenare** (dîner)

Culpa, -ae (faute) > **culpare** (accuser)

Faber, -bri (ouvrier) > **fabricare** (façonner)

Forma, -ae (au sens de forme) > **formare** (former, façonner), ainsi que **informare** (former, former dans l'esprit, représenter), **deformare** (façonner, dégrossir, mais aussi défigurer, enlaidir), **conformare** (adapter)

Fuga, -ae (fuite) > **fugare** (caus. mettre en fuite)

Levis, -is, -e (léger) > **levare, eleuare** (soulever, alléger)

Lustrum, -i (rite au cours duquel la victime était promenée autour de l'objet à purifier) > **lustrare, perlustrare** (parcourir des yeux, parcourir, passer en revue)

Macula, -ae (tache) > **maculare** (salir)

Numerus, -i (nombre) > **numerare** et **enumerare** (dénombrer)

Nuntius, -ii (messager, nouvelle) > **nuntiare** (annoncer, ordonner), **enuntiare** (exposer, dévoiler) et **obnuntiare** (faire opposition)

Obscurus, -a, -um (obscur) > **obscurare** (obscurcir)

Onus, -eris (charge) > **onerare** (charger)

Pugna, -ae (combat) > **pugnare, oppugnare** (attaquer), **expugnare** (combattre, assaillir, emporter d'assaut)

Siccus, -a, -um (sec) > **siccare, dessicare** (assécher, dessécher)

Spes, -ei (espoir) > **sperare, desperare** (tr. et intr. désespérer de et désespérer), d'où **desperatio**

Turba, -ae (foule) > **turbare, conturbare** (mettre en désordre, bouleverser), **deturbare** (renverser violemment, débusquer), **exturbare** (faire sortir de force, expulser)

Verus, -a, -um (vrai) > **uerificare** (présenter comme vrai, vérifier)

Vindex, -icis (défenseur, vengeur) > **uindicare** (revendiquer, puis châtier)

Vulnus, -eris (blessure) > **uulnerare** (blesser)

Déponents

Dignus, -a, -um > **dignari** (juger digne)

Epulae, -arum > **epulari** (faire un repas)

Gloria, -ae > **gloriari** (tirer gloire)

Ira, -ae > **irasci** (s'irriter)

Modus, -i > **moderari** (tenir dans la mesure, régler)

Mora, -ae > **morari** et **commorari** (intr. s'attarder ; tr. retarder)

Negotium, -ii > **negotiari** (faire du commerce)

Osculum, -i > **osculari** (donner un baiser)

Autres conjugaisons

Fuga, -ae > **fugere** (fuir), **diffugere** (fuir en tous sens ; Horace : *diffugere niues*, « les neiges s'en sont allées »)

Mitis, -is, -e > **mitigare** (adoucir, composé de *mitis* et *ago*), mais aussi **mitescere** (s'adoucir)

Moles, -is > **moliri** (mettre une masse en mouvement, entreprendre, bâtir)

Mollis, -is, -e > **mollire** (adoucir)

Quies, -etis > **quiescere, requiescere** (reposer)

Saeuus, -a, -um > **saeuire** (faire rage, s'acharner)

Saltus, -us (saut) > **salire, exsilire** (sauter, s'élancer)

Vestis, -is > **uestire** (vêtir)

Nous mettons à part le cas de bases nominales auxquelles sont attachés simultanément un préfixe et un suffixe, type de composition qu'Arsène Darmesteter appelait « parasynthétique » :

Contus, -i (perche) > **percontari**, sonder (*contari* n'existe pas)

Cor, -dis (cœur) > **recordari**, garder en mémoire, se souvenir (*cordari* n'existe pas)

Femina, -ae (femme) > **effeminare**, efféminer (*feminare* n'existe pas)

Flamma, -ae (flamme) > **inflammare**, enflammer (de *in flammam* ; *flammare* n'existe pas)

Grex, -egis (troupeau) > **aggregare, congregare**, réunir (*gregare* n'existe pas)

Limen, -minis (seuil) > **eliminare**, éliminer (*liminare* n'existe pas)

Mola salsa, -ae (farine torréfiée) > **immolare**, immoler (*molare* n'existe pas)

Numen, -minis (signe de la divinité) > **abnuere, innuere**, dire non, dire oui (*nuere* n'existe pas)

Pes, -dis (le pied) > **impedire**, entraver, empêcher ; **expedire**, dégager ; intr. **expedit** : il est utile (*pedire* n'existe pas)

Rudis, -is, -e (brut, non dégrossi) > **erudire**, dégrossir (*rudire* n'existe pas)

Sidus, -eris (étoile) > **considerare**, considérer (**siderare* n'existe pas)

Templum, -i (avant de désigner le temple, désigne le cercle tracé par le prêtre dans le ciel) > **contemplari**, contempler (**templari* n'existe pas)

Vesper, -eris (soir) > **aduesperascere**, se faire tard (**vesperascere* n'existe pas)

Deuxième cas : formations avec élargissement

L'adjonction au suffixe verbal d'un élargissement ajoute à la notion verbale une nuance particulière (répétition, intensité, valeur désidérative, inchoative...)

-to, fréquentatif :
sur *jacio, -ere* (jeter) > **iacto, -are** (lancer, proférer, agiter, assaillir, mettre en avant, vanter ; **se iactare** : se vanter)

sur *capio, -ere* (prendre) > **capto, -are** (chercher à saisir, chercher à prendre par ruse, capter, par ex. un testament)

sur *rapio, -ere* (saisir) > **rapto, -are** (emporter de force, piller), d'où *raptor*, ravisseur, pilleur (cf. l'accusation *raptores orbis Romani*, « les Romains écumeurs du monde », que Tacite met dans la bouche du Calédonien Calgacus)

sur *salio, -ire* (sauter) > **salto, -are** (danser, d'où *saltator*, danseur)

-ito, -tito, fréquentatif :

clamito, -are (pousser force cris, criailler), **factito, -are** (faire habituellement : **factitare medicinam**, exercer la médecine), **uolito, -are** (voleter) ; **lectito, -are** (lire et relire), **dormito, -are** (somnoler ; Horace : *quandoque bonus dormitat Homerus*, « parfois s'assoupit le bon Homère »)

-esso, désidératif ou intensif :

capesso, -ere (chercher à atteindre), **facesso, -ere** (exécuter avec empressement et aussi causer ; intr. se retirer), **lacesso, -ere** (harceler), **arcesso, -ere** (faire venir)

-isso, -izo, action d'imiter :

sur *atticus*, **atticisso, -are** (parler le grec d'Athènes)

sur *cithara*, **citharizo, -are** (jouer de la cithare)

-turio, -surio, désidératif : **esurio, -ire** (avoir faim), **parturio, -ire** (être en gésine ; Horace : *Parturiunt montes, nascetur ridiculus mus*, « La montagne en travail accouchera d'une ridicule souris »)

-sco, inchoatif : on a recensé environ 300 verbes à infectum en *-sc* (dont 20 déponents), de statut varié et oscillant entre deux pôles : d'un côté (1) des cas particuliers, obscurs ou primaires, de l'autre (2), des verbes secondaires, dénominatifs ou déverbatifs :

1. **posco, -ere** et **deposco, -ere** (demander), **pasco, -ere** (faire paître) et **pascor, -i** (brouter, manger), **uescor, -i** (se nourrir), **glisco, -ere** (s'embraser, s'étendre), **hisco, -ere** (s'entrouvrir ; cf. fr. hiatus), **cresco, -ere** (croître)

2. **adolesco, -ere** (croître, grandir : cf. *adultus*), **aduesperascit** (impers. cf. *uesper*, soir : le soir vient, il se fait tard), **assuesco, -ere** (s'habituer), **consenesco, -ere** (vieillir : cf. *senex*), **consuesco, -ere** (cf. *suetus*, habitué : s'habituer), **conticesco, -ere** (cf. *taceo* : se taire), **diescit** (impers. cf. *dies* : le jour se lève) **disco, -ere** (apprendre), **ingrauesco, -ere** (s'alourdir, s'aggraver : cf. *grauis*, lourd), **irascor, -i** (se mettre en colère : cf. *ira, iratus*), **nascor, -i** (naître), **nosco, -ere** et **cognosco, -ere** (apprendre à connaître : cf. parfait *noui* : je sais), **ignosco, -ere** (pardonner), **mitesco, -ere** (s'adoucir : cf. *mitis*), **obliuiscor, -i** (oublier : cf. *oblivio, oblitus*), **paciscor, -i** (faire un traité : cf. *pactum*, pacte, traité), **pertimesco, -ere** (redouter :

cf. *timeo, timor*), **quiesco, -ere** (se reposer : cf. *quies, quietus*) et **requiesco, -ere, repuerasco, -ere** (*puer*, enfant : retourner en enfance), **ulciscor, -i** (cf. *ultio*, vengeance)

> ▸ Madeleine Keller, « Les verbes latins à infectum en *-sc*, étude morphologique », *L'Information grammaticale* 37, 1988, p. 33-37.

Première digression :
différenciation par le suffixe sur un même radical

Aegritudo, -inis (maladie de l'âme, tristesse), **aegrotatio, -onis** (maladie du corps)

Aestas, -atis (l'été), **aestus, -us** (la forte chaleur)

Ambitio, onis (l'ambition), **ambitus, -us** (la brigue)

Animus, -i (l'esprit), **anima, -ae** (l'âme)

Appello, -are (appeler, apostropher), **appello, -ere** (pousser vers le rivage, aborder)

Apparo, -are (préparer), **appareo, -ere** (apparaître)

Auidus, -a, -um (avide), **auarus, -a, -um** (cupide)

Callosus, -a, -um (calleux, qui a des durillons), **callidus, -a, -um** (habile)

Cupido, -inis (le désir), **cupiditas, -atis** (la convoitise), **cupiditates, -tum** (les passions)

Decus, -oris (tout ce qui sied, parure, et enfin gloire), **decor, -oris** (parure, grâce, charme)

Doceo, -ere (enseigner), **disco, -ere** (apprendre)

Fructus, -us (les fruits), **fruges, -um** (la moisson)

Fugo, -are (mettre en fuite), **fugio, -ere** (s'enfuir)

Genus, -eris (le genre, la race), **gens, -entis** (le clan, la famille noble)

Hospes, -pitis (l'étranger, l'hôte), d'où **hospitium, hospitalis** ; **hostis, -is** (l'ennemi), d'où **hosticus, hostilis**

Iaceo, -ere (être couché, gisant), **iacio, -ere** (jeter ; d'où **iacto**, agiter, balloter, jeter avec ostentation, **se iactare**, se vanter : **iactatio** et **iactantia**, ostentation ; et **iactura**, sacrifice, perte, dommage)

Ignoro, -are (ignorer), **ignosco, -ere** (pardonner)

Impendo, -ere (dépenser, employer), **impendeo, -ere** (surplomber, menacer, en parlant d'une chose)

Inuidus, -a, -um (envieux, jaloux), **inuisus, -a, -um** (odieux)

Ira, -ae (colère), **iracundia, -ae** (irascibilité)

Liquo, -are (liquéfier, clarifier), **liqueo, -ere** (être liquide, évident)

Minor, -ari (menacer), **immineo, -ere** (en parlant d'une chose)

Necessitas, -tatis (nécessité), **necessitudo, -dinis** (parenté)

Opus, -eris (ouvrage), **opera, -ae** (travail, activité)

Pecus, -oris (troupeau, bétail), **pecus, -udis** (tête de bétail, notamment petit bétail, chèvre)

Placo, -are (apaiser), **placeo, -ere** (plaire)

Porta, -ae (porte), **portus, -us** (le port)

Quaero, -ere (demander), **quaeso, -ere,** (chercher)

Quaestio, -onis (enquête, question), **quaestus, -us** (acquisition, gain)

Sido, -ere (s'asseoir), **sideo, -ere** (être assis)

Somnus, -i (sommeil), **somnium, -ii** (le songe)

Temperantia, -ae (modération, mesure), **temperatio, -onis** (combinaison bien proportionnée, équilibre)

Deuxième digression : le système de la langue

L'analogie est la loi de toute langue naissante ou développée.

(Victor COUSIN)

Un débat ancien oppose au IIᵉ siècle avant J.-C. deux fameux savants grecs, Aristarque de Samos, directeur de la bibliothèque d'Alexandrie (700 000 volumes), et Cratès de Mallos, fondateur de la bibliothèque de Pergame (400 000 volumes). Il s'agit de savoir si la langue est un système régulé par l'**analogie** ou un corpus obtenu par accumulation et où domine l'**anomalie**. Le débat se transporte plus tard à Rome, où la position analogiste d'Aristarque est exposée dans le livre X du *De lingua Latina* de Varron, et approuvée par César, auteur d'un traité *De analogia*, que Cicéron appelait aussi *Libellus de ratione dicendi*, mettant ainsi l'accent sur l'intervention de la raison dans le langage ; tandis que le point de vue opposé est défendu dans le premier livre (« Contre les grammariens ») du *Contre les mathématiciens* du penseur sceptique Sextus Empiricus (IIᵉ siècle ap. J.-C.).

Le débat, qui reprend tout son sens dans le cadre dessiné par la révolution saussurienne, intéresse le système des cas et la morphologie, mais aussi la structuration du lexique. L'arbitraire de la nomination se lit dans le caractère lacunaire, « défectif », des séries lexicales. Exemple de ces hapax rebelles aux quadrillages de nos cadastres mentaux : aux habitants de Rome (*Roma*) on donne le nom de *Romani*, tandis que ceux de Capoue (*Capua*) reçoivent celui de *Capuenses*. Pourtant, la prise en compte des anomalies ne saurait masquer la puissante tendance à la régularité qui régit la création lexicale à partir d'un même radical. En voici quelques exemples.

Correspondance nom, verbe, adjectif

Sur le type *algor, -oris* (le froid), *algeo, -ere* (avoir froid), *algidus, -a, -um* (adj. froid), on trouve :

ardor (feu, brûlure)	**ardeo** (brûler)	**aridus** (brûlé, sec)
candor (blancheur éclatante)	**candeo**	**candidus**
calor (chaleur)	**caleo**	**calidus**
feruor (bouillonnement, chaleur)	**ferueo**	**feruidus**
frigor (froid)	**frigeo**	**frigidus**
fulgor (éclair, éclat)	**fulgeo**	**fulgidus**
horror (hérissement, horreur)	**horreo**	**horridus**
liquor (fluide, liquide)	**liqueo**	**liquidus**
liuor (couleur livide, jalousie)	**liueo**	**liuidus**
maeror (affliction)	**maereo**	mais **maestus**
marcor (flétrissure, putréfaction)	**marceo**	**marcidus**
nigror (noirceur)	**nigreo**	**nigridus**
nitor (brillant)	**niteo**	**nitidus**
pallor (pâleur)	**palleo**	**pallidus**
pauor (effroi)	**paueo**	**pauidus**
pudor (pudeur)	**pudeo**	**pudicus**
rigor (rigidité, rigueur)	**rigeo**	**rigidus**
rubor (rougeur)	**rubeo**	mais **ruber**
sapor (saveur)	**sapio** (*sapeo*), d'où *sapiens*	**sapidus**

splendor (éclat, splendeur)	splendeo	splendidus
*sordor (saleté)	sordeo	sordidus
squalor (saleté)	squaleo	squalidus
stridor (stridence)	strideo	stridulus
stupor (stupeur)	stupeo	stupidus
tepor (tiédeur)	tepeo	tepidus
terror (terreur)	terreo	mais territus
timor (crainte)	timeo	timidus
torpor (torpeur)	torpeo	torpidus
tumor (gonflement)	tumeo	tumidus
umor (eau, mouillure)	umeo	umidus

> ▸ Alfred Ernout, « *Metus - timor*, les formes en *-us* et en *-os* [*-or*] du latin », *Philologica* II, Paris, 1957, p. 7-56.

Correspondance verbe d'état, inchoatif, causatif

Sur le type *areo, -ere* (être sec), *aresco, -ere* (se dessécher), *arefacio, -ere* (assécher), on trouve :

caleo (avoir chaud)	calesco (s'échauffer)	calefacio (échauffer)
candeo (être blanc)	candesco	candifacio
frigeo (avoir froid)	frigesco	frigefacio
liqueo (couler)	liquesco	liquefacio
tepeo (être tiède)	tepesco	tepefacio
tumeo (être gonflé)	tumesco	tumefacio
umeo (être humide)	umesco	umifico

Et sans le causatif :

palleo (être pâle)	**pallesco**
rubeo (être rouge)	**rubesco**
sordeo (être sale)	**sordesco**
splendeo (être brillant)	**splendesco**
squaleo (être sale)	**squalesco**

Correspondance adjectif, adverbe, substantif

Sur le type *acerbus, -a, -um* (adj. 1ère classe, âpre), *acerbe* (adv. âprement), *acerbitas, -atis* (subst. âpreté), on trouve :

anxius (angoissé)	**anxie**	**anxietas**
assiduus (constant, ininterrompu)	**assidue**	**assiduitas**
auidus (avide, cupide)	**auide**	**auiditas**
commodus (convenable, agréable)	**commode**	**commoditas**
dignus (digne)	**digne**	**dignitas**
maturus (mûr)	**mature**	**maturitas**
modicus (mesuré, modéré)	**modice**	**modicitas**
opportunus (opportun)	**opportune**	**opportunitas**
pius (pieux)	**pie**	**pietas**
prosperus (prospère)	**prospere**	**prosperitas**
sanus (sain)	**sane**	**sanitas**
seuerus (sévère)	**seuere**	**seueritas**
tacitus (muet, secret)	**tacite**	**taciturnitas**
timidus (craintif)	**timide**	**timiditas**

Sur le type *angustus, a, -um* (adj. 1ère classe, étroit), *anguste* (adv. à l'étroit), *angustia, -ae* (subst. étroitesse), on trouve :

angustus (étroit)	**anguste**	**angustia**
blandus (caressant)	**blande**	**blanditia**
gratus (agréable, reconnaissant)	**grate**	**gratia**
iustus (juste)	**iuste**	**iustitia**
iniustus (injuste)	**iniuste**	**iniustitia**
magnificus (splendide)	**magnifice**	**magnificentia**
mirificus (prodigieux)	**mirifice**	**mirificentia**
modestus (modéré)	**modeste**	**modestia**
molestus (pénible, pesant)	**moleste**	**molestia**

Sur le type *altus, -a, -um* (adj. 1ère classe, haut), *alte* (adv. en haut), *altitudo, -inis* (subst. hauteur), on trouve :

altus (haut)	**alte**	**altitudo**
amplus (ample, magnifique)	**ample**	**amplitudo**
aptus (apte)	**apte**	**aptitudo**
beatus (heureux)	**beate**	**beatitudo**
certus (certain)	**certe** (et **certo**)	**certitudo**
latus (large)	**late**	**latitudo**
longus (long)	**longe**	**longitudo**

Autres adjectifs de la première classe :

pulcher (beau)	**pulchre**	**pulchritudo**

Sur le type *breuis, -is, -e* (adj. 2ᵉ classe, bref), *breuiter* (adv. brièvement), *breuitas, -atis* (subst. brièveté), on trouve :

crudelis (cruel)	**crudeliter**	**crudelitas**
difficilis (difficile)	**difficulter**	**difficultas**
facilis (facile)	**faciliter**, remplacé par *facile*	**facilitas**
grauis (lourd, grave)	**grauiter**	**grauitas**
lenis (doux)	**leniter**	**lenitas**
leuis (léger)	**leuiter**	**leuitas**
liberalis (libéral)	**liberaliter**	**liberalitas**
suauis (doux)	**suauiter**	**suauitas**
tenuis (fin)	**tenuiter**	**tenuitas**

On trouve aussi :

turpis (honteux)	**turpiter**	**turpitudo**
mollis (mou)	**molliter**	**mollitia**

Sur le type *continens, -entis* (adj. 2ᵉ classe, sobre), *continenter* (adv. sobrement), *continentia, -ae* (subst. retenue), on trouve :

impudens (impudent)	**impudenter**	**impudentia**
neglegens (négligent)	**neglegenter**	**neglegentia**
sapiens (sage)	**sapienter**	**sapientia**
sciens (sachant)	**scienter**	**scientia**

Autres adjectifs de la deuxième classe :

atrox, -ocis (cruel)	**atrociter**	**atrocitas**
felix, -icis (heureux)	**feliciter**	**felicitas**
celer, -eris (rapide)	**celeriter**	**celeritas**
audax, -acis (audacieux)	**audacter**	**audacia**

II

LA COMPOSITION

▸ Françoise Bader, *La Formation des composés nominaux en latin*, Paris, 1962.

▸ Pierre Flobert, « La composition verbale en latin », *Étrennes de septantaine. Travaux de linguistique et de grammaire comparée offerts à Michel Lejeune*, Paris, 1978, p. 85-94 (rééd. dans *id.*, *Grammaire comparée et variétés du latin*, Genève, 2014, p. 129-138).

▸ Claude Moussy, *La Composition et la préverbation en latin*, Paris, 2005.

▸ Léon Nadjo, *La Composition nominale. Études de linguistique latine*, Paris, 2010.

« Un composé nominal est un vocable résultant de la conjonction de deux léxèmes (ou unités lexicales) pour former une unité nouvelle ayant un spécifié unique » (Léon Nadjo). La poésie archaïque latine (Ennius, la tragédie, la comédie), en recherche d'expressivité, en a formé beaucoup, sur le modèle de la poésie grecque, où l'inventivité était favorisée par la plasticité de la langue. Telles, chez Plaute, les insultes, comme *trifurcifer* (triple pendard), ou les noms propres calqués plaisamment sur le grec, comme Bombomachides (le guerrier qui fait grand bruit) ou Purgopolinices (le vainqueur de la place forte) avec son esclave dévoué, Artrotrogus (le rongeur de pain).

Le poème de Lucrèce fait encore au procédé une large place : *altitonans* (retentissant dans le ciel), *bisulcus* (fendu en deux, fourchu), *frondifer* (feuillu), *laetificus* (qui rend joyeux), *laniger* (qui porte la laine), *omnipotens* (tout puissant), *pinniger* (emplumé), *ueliuolus* (qui marche à la voile), tous repris à ses prédécesseurs, et aussi : *lauricomus* (à la chevelure de lauriers), *silvifragus* (qui rompt les arbres), *anguimanus* (à la trompe serpentine), *capripes* (qui a des pieds de chèvre), *falcifer* (armé de faux), *largifluus* (qui coule abondamment), *noctiuagus* (qui erre pendant la nuit), *rorifer* (qui répand la rosée), *saetiger* (porte-soie), *turicremus* (qui brûle de l'encens).

Mais Virgile, Horace, Ovide en usent avec une grande discrétion et Quintilien (*Institution oratoire* I, 5, 65-70) enregistre ce caractère du latin : *Res tota magis Graecos decet, nobis minus succedit*, « Tout cela convient mieux aux Grecs et nous réussit moins ».

Il n'en reste pas moins que les poètes ne faisaient que faire fructifier un modèle de création verbale hérité de l'indo-européen, qui occupe, dans l'histoire de la langue, plus de place qu'il n'a été dit parfois, comme on le voit dans les mots suivants :

Thème nominal + thème nominal : **aeripes** (au pied d'airain)

Nom de nombre + thème nominal : **bipes, quadrupes** (bipède, quadrupède), **triceps, quadriceps** (tricéphale, quadricéphale), **bipennis** (hache à deux tranchants), **biennium, triennium** (espace de deux, de trois ans : cf. *annus*, l'année), **biformis** (à double forme), **triremis** (trirème), **simplex** (simple, litt. plié une seule fois, *semel*), **duplex, triplex, quadruplex** (double, triple, quadruple), **semiferus** (à demi sauvage), **ambidexter** (ambidextre)

Thème nominal + thème verbal : **animaduertere** (*animum aduertere* : remarquer, puis corriger, litt. tourner son esprit vers), **agricola** et **agricultura** (paysan, travail des champs), **agrimensor** (arpenteur), **aquilifer** (porte-enseigne : cf. l'aigle, *aquila*, de la légion romaine), **aedifico, aedificium** (édifier, édifice), **munificus** et **munificentia** (généreux et largesse), **labefactare** (faire tomber, ébranler), **testificatio**, **causidicus** (avocat, plaideur), **homicidium** (homicide), **naufragium**

(naufrage), **nomenclator** (nomenclateur, l'esclave chargé en période
électorale de donner à son maître les noms des citoyens de rencontre),
patrocinium (patronage, défense), **sacerdotium** (sacerdoce)

Thème adjectival + thème nominal : **unanimus, magnanimus,
pusillanimus** (cf. les mots correspondants en français), **aequanimus**
(à l'esprit égal, mesuré), d'où **aequanimitas** (bienveillance) ; **laticlauus**
(la bande de pourpre qui orne la toge du patricien)

Thème adjectival à fonction adverbiale + thème verbal : **altivo-
lans, altitonans** (qui vole, qui tonne dans les hauteurs), **altipotens**
(très puissant), **suauiloquens** (qui parle agréablement)

Thème adverbial + thème verbal : **beneficus** (bienfaisant, obligeant), **benefactum** (bonne action, bienfait), **beneficium** (faveur,
bénéfice), **beneuolentia** (bienveillance, dévouement), **maleuolentia**
(malveillance, haine), **maledictum** (parole injurieuse, outrage)

1. NOMS-RACINES EN FONCTION SUFFIXALE

En règle générale (il y a des exceptions, comme *uersipellis,* qui
change de peau, où l'ordre des composants est progressif), l'élément
verbal est placé en second, c'est lui qui se décline et se conjugue.

-cen, -cinis ; -cina, -ae (qui chante ou sonne : *cano,* chanter) :
fidicen, fidicina (joueur, joueuse de lyre), **tubicen** (joueur de flûte),
cornicen (qui joue de la corne)

-cida, -ae (qui taille ou tue : *caedo,* tailler, massacrer) : **homicida,
parricida, matricida** ; **lapicida**

-cinor, -ari ; -cinium, -ii (*cano,* chanter) : **patrocinor** (*patronus,*
patron : prendre sous sa protection, d'où **patrocinium**, protection,
parrainage), **latrocinor** (*latro,* brigand : se livrer au brigandage), d'où
latrocinium, brigandage, piraterie, **lenocinor** (*leno,* l'entremetteur :
faire l'entremetteur, d'où chercher à séduire), d'où **lenocinium**,
métier d'entremetteur, puis moyen de séduction, charme)

-ceps, -cipis (qui prend : *capio*, prendre) : **auceps** (oiseleur), **particeps** (qui participe, prend part), **municeps** (de *munia*, charge, fonction : citoyen d'une ville municipale, concitoyen) et **municipium** (ville municipale, municipe), **manceps** (de *manus*, la main, symbole de pouvoir, de puissance, en part. paternelle : adjudicataire, propriétaire), d'où **mancipium** (état de dépendance, et particulièrement esclave), **emancipare** (émanciper, affranchir) et **emancipatio** ; **princeps** (prince, celui qui prend la première place), pl. **principes** (les premiers, en particulier les soldats du premier rang)

-cola, -ae (qui habite : *colo*, habiter) : **agricola** (paysan), **caelicola** (habitant des cieux)

-dex, -icis (qui dit : *dico*, dire) : **iudex** (le juge, qui dit le droit, *ius*)

-dos, -otis (qui fait : racine **dhe*) : **sacerdos** (le prêtre, celui qui accomplit les cérémonies sacrées, *sacra*)[1]

-ex, -igis (de *ago* : mettre en mouvement) : **remex** (le rameur, cf. *ramus*, rame, aviron)

-fer, -eri (qui porte, qui apporte, qui produit) : **pomifer** (qui porte des fruits), **frugifer** (fertile, fécond), **frondifer** (feuillu), **signifer** (porte-enseigne), **palmifer** (qui produit des palmes), **letifer** (qui produit la mort, *letum*), **lucifer** (qui apporte la lumière : Lucifer est le nom de l'étoile du matin comme Vesper celui de l'étoile du soir, les deux se confondant avec la planète Vénus)

-fex, -icis (qui fait : *facio*, faire) : **pontifex, artifex** (artiste), **opifex** (cf. *opus*, ouvrage : ouvrier, artisan, artiste), **carnifex** (bourreau)

---

1. Contre Isidore, *Étymologies : Sacerdos, quasi sacrum*, voir P. Flobert, « La relation de sacrificare et de sacerdos », *Grammaire comparée et variétés du latin*, Genève, 2014, p. 108-114.

Et aussi, étant donné la flexibilité du verbe *facere* :

-ficus, -i, et par suite *-fice, -ficenter, -ficium, -ficentia, -ficatio, -ficare, -facere* (qui fait : *facio*) : **honorificus** ; **magnificus, magnifice, magnificenter, magnificentia** ; **beneficium, maleficium, opificium** (exécution d'un travail, ouvrage), **artificium** (métier, adresse), **aedificium, aedificatio, aedificare** (bâtiment, construction, édifier), **testificare** et **testificatio** (témoigner, témoignage), **ludificari** (se jouer de), **laetificare** (réjouir), **sacrificare** (offrir un sacrifice) et **sacrificium, significare** (signifier), **gratificare** (offrir), **amplificare** (grossir), **tabefacere** (fondre, liquéfier), **calefacere** (chauffer), **assuefacere** (habituer), **expergefacere** (éveiller), **rarefacere** (raréfier)

-fuga, -ae ; -fugium, -ii : **transfuga, -ae** (déserteur), **refugium, -ii** (fuite, refuge, asile), **regifugium, -ii** (fête en mémoire de l'expulsion des rois)

-gena, -ae (né : cf. *[g]nascor,* naître, *gens,* nation) : **indigena** (né dans le pays, indigène), **alienigena** (né dans un autre pays, étranger)

-ger, -eri (qui porte : *gero,* porter) : **armiger, corniger, laniger** (qui porte des armes, des cornes, de la laine)

-spex, -icis (qui observe : *aspicio,* voir) : **auspex** (celui qui prédit d'après le vol des oiseaux, augure), d'où **auspicium** (observation des oiseaux, auspice), **auspicari** (prendre les auspices avant d'agir, d'où inaugurer), **haruspex** (haruspice, prédit d'après l'examen des entrailles, étrusque *haru*), d'où **haruspicium** (haruspicine).

-ox, -ocis (cf. *oculus,* œil) : **atrox** (de *ater,* noir : qui a l'aspect sombre), **ferox** (de *ferus,* sauvage : qui a l'aspect farouche)

-pes, -edis (pied) : **quadrupes** (quadrupède), **palmipes** (au pied palmé), **sonipes** (poét. cheval, coursier, litt. aux pieds bruyants)

-ples, -etis (plein de : cf. *plenus*) : **locuples** (riche, spéc. en terres)

2. COMPOSITION ET PRÉFIXATION

Les deux formations coexistent dans :

agricola, -ae (paysan)	**incola, -ae** (habitant)
homicidium, -ii (homicide)	**excidium,-ii** (chute, destruction)
regifugium, -ii (fête en mémoire de l'expulsion des rois)	**refugium, -ii** (fuite, refuge)
magnanimus, -a, -um (à la grande âme)	**exanimus, -a, -um** (mort)

3. JUXTAPOSITION

On parle de juxtaposition lorsque les deux composantes du mot sont simplement soudées par l'usage, sans altération et avec une parfaite lisibilité du lien syntaxique qui les unit :

Respublica (la chose publique, l'État) : accord de l'épithète

Iusjurandum (serment) : *id.*

Iurisconsultus, iurisprudentia (jurisconsulte, science du droit) : génitif complément du nom

Paterfamilias (père de famille, maître de maison) : *id.*

Terraemotus (tremblement de terre) : *id.*

Senatusconsultum (décret du sénat) : *id.*

Plebiscitum (décision de la plèbe) : *id.*

Verisimilis (vraisemblable) : *id.*

Genuflexio (génuflexion) : accusatif

Troisième partie
Sémantique et polysémie

Quatrième lettre :
quatre pionniers, deux mots nouveaux
et une orientation nouvelle de la linguistique

Chère Mathilde,

Il nous reste à envisager un dernier procédé d'enrichissement du lexique : au travail de la langue sur la langue qui, par dérivation et composition, aboutit à la multiplication des mots, s'ajoute un autre type de travail, qui découvre dans le mot une multiplicité de sens, une nouvelle acception équivalant à un mot nouveau. Ce phénomène avait depuis longtemps suscité l'attention des rhéteurs et théoriciens du style, comme le latin Quintilien, qui dans son Institution oratoire *définit le trope comme « le transfert d'une expression de sa signification naturelle et principale à une autre » ; comme Du Marsais, auteur en 1730 d'un* Traité des tropes, *pour qui « un mot pris dans un sens métaphorique perd sa signification propre et en prend une nouvelle ». Étudié plus tard dans le cadre de la théorie de la langue et baptisé* **polysémie**, *il relève de la* **sémantique**, *partie de la linguistique générale constituée en science à la fin du XIXᵉ siècle et au début du XXᵉ siècle et considérablement développée depuis.*

Même si, à peu près au même moment un savant allemand, Hermann Paul, professeur à l'université de Fribourg, s'engageait dans la même voie, c'est surtout à quatre Français que revient le mérite de cette orientation nouvelle de la linguistique.

Le premier, Émile Littré, futur auteur du Dictionnaire de la langue française, *publie en 1880 un opuscule intitulé* Pathologies verbales ou Lésions de certains mots dans le cours de l'usage, *repris en 1888 avec une préface et des notes de Michel Bréal, sous le titre* Comment les mots changent de sens, *que Meillet utilisera à son tour en 1906 en hommage à son illustre prédécesseur.*

Un autre est, presque au même moment, Arsène Darmesteter, professeur à la Sorbonne, auteur d'un joli petit livre intitulé La Vie des mots étudiés dans leurs significations *(1887), où l'on voit « comment les mots naissent, vivent entre eux et meurent ». Anatole France, dans* La Vie littéraire, *salue l'initiative de cet auteur, qui, écrit-il, « Darwin de la grammaire et du lexique, applique aux mots les théories transformistes » :*

> *Oui, le langage humain sort de la glèbe, il en garde le goût. Que cela est vrai, par exemple, du latin ! Sous la majesté de cette langue souveraine, on sent encore la rude pensée des pâtres du Latium… Les maîtres du monde se servaient des mots légués par les laboureurs, leurs ancêtres, quand ils nommaient cornes de bœuf ou de béliers (cornu) les ailes de leurs armées, ou enclos de ferme (cohors) les unités de leurs cohortes. Et voici qui nous en dira plus sur les Romains que toutes les harangues de leurs histoires : ces hommes laborieux, qui s'élevaient par leur travail à la puissance, employaient le verbe* callere *pour dire être habile. Or, quel est le sens primitif de* callere *? c'est avoir du cal aux mains. Vraie langue de paysans enfin, celle qui exprime par les mêmes mots la fertilité du champ et la joie de l'homme (*laetus*), et qui compare l'insensé au laboureur s'écartant du sillon (*lira, le sillon ;* délirare, délirer).*
>
> *Je tiens ces exemples du livre d'Arsène Darmesteter. Le français pareillement naquit et se forma dans les travaux de la terre. Il est plein de métaphores empruntées à la vie rustique, il est plein de fleurs des champs et des bois. Et c'est pourquoi les fables de La Fontaine ont tant de parfum… Monsieur Darmesteter en cite de curieux exemples. Ainsi quand nous disons* aller sur les brisées de quelqu'un, *nous employons, à notre insu, une image tirée des pratiques de la vénerie. Les brisées sont les branches rompues par la bête qui signale au veneur l'endroit par où elle est passée.*

Troisième acteur : Michel Bréal, qui lui aussi estime que le livre de Darmesteter est « bien fait pour ajouter à la popularité des études de la linguistique », mais reproche justement à l'auteur son organicisme, son transformisme darwinien, entendez l'idée que les mots ont leur vie propre, indépendamment de ceux qui les prononcent. Lui-même entend remonter à la cause première de leur évolution, à savoir l'intelligence humaine, cause historique et logique et non cause naturelle : c'est la thèse qui sous-tend le livre qu'il publie en 1897, Essai de sémantique, *où il impose le mot créé par lui quatorze ans plus tôt (1883) dans un article de l'*Annuaire de l'Association pour l'encouragement des études grecques en France, *intitulé « Les lois intellectuelles du langage ». Comme ce titre l'indique, il s'agit d'identifier les mécanismes, les lois de l'esprit humain qui président à l'apparition d'un sens nouveau : Le sens nouveau, quel qu'il soit, ne met pas fin à l'ancien. Ils existent tous les deux l'un à côté de l'autre. Le même terme peut s'employer tour à tour au sens propre ou au sens métaphorique, au sens restreint ou au sens étendu, au sens abstrait ou au sens concret... À mesure qu'une signification nouvelle est donnée au mot, il a l'air de se multiplier et de produire des exemplaires nouveaux, semblables de forme, mais différents de valeur. Nous appellerons ce phénomène de multiplication la polysémie. Toutes les langues des nations civilisées y participent : plus un terme a accumulé de significations, plus on doit supposer qu'il représente de côtés divers d'activité intellectuelle et sociale. On dit que Frédéric II voyait dans la multiplicité des acceptions une des supério- rités de la langue française : il voulait dire sans doute que ces mots à sens multiples étaient la preuve d'une culture plus avancée. (*Essai de sémantique, p. 154-155).

Enfin, à peine une dizaine d'années plus tard, Antoine Meillet, dans son Esquisse d'une histoire de la langue latine *(1928), reprend à son compte ce mot de* polysémie *et met le phénomène en rapport avec les conditions historiques qui caractérisent et font évoluer une civilisation et une culture :*

Ce qui est infiniment plus fréquent, c'est l'application d'un mot déjà en usage à une idée nouvelle. Là réside, en réalité, le secret du renouvellement et de l'accroissement de nos langues. Il faut remarquer, en effet, que l'addition d'une signification nouvelle ne porte nullement atteinte à l'ancienne. Elles peuvent exister toutes deux, sans s'influencer ni se nuire. Plus une nation est avancée en culture, plus les termes dont elle se sert accumulent d'acceptions diverses. Est-ce pauvreté de la langue ? est-ce stérilité d'invention ? Les observateurs superficiels peuvent seuls le croire. Voici, en réalité, comment les choses se passent.

*À mesure qu'une civilisation gagne en variété et en richesse, les occupations, les actes, les intérêts dont se compose la vie de la société se partagent entre différents groupes d'hommes : ni l'état d'esprit, ni la direction de l'activité ne sont les mêmes chez le prêtre, le soldat, l'homme politique, l'artiste, le marchand, l'agriculteur. Bien qu'ils aient hérité de la même langue, les mots se colorent chez eux d'une nuance distincte, laquelle s'y fixe et finit par y adhérer. L'habitude, le milieu, toute l'atmosphère ambiante déterminent le sens du mot et corrigent ce qu'il avait de trop général. Les mots les plus larges sont par là même ceux qui ont le plus d'aptitude à se prêter à des usages nombreux. Au mot d'*opération*, s'il est prononcé par un chirurgien, nous voyons un patient, une plaie, des instruments pour couper et tailler ; supposez un militaire qui parle, nous pensons à des armées en campagne ; que ce soit un financier, nous comprenons qu'il s'agit de capitaux en mouvement ; un maître de calcul, il est question d'additions et de soustractions. Chaque science, chaque art, chaque métier, en composant sa terminologie, marque de son empreinte les mots de la langue commune. Supposez maintenant qu'on recueille à la file, comme font nos dictionnaires, toutes ces acceptions diverses : nous serons surpris du nombre et de la variété des significations. Est-ce indigence de la langue ? Non. C'est richesse et activité de la nation.*

Il n'a pas été donné de nom, jusqu'à présent, à la faculté que possèdent les mots de se présenter sous tant de faces. On pourrait l'appeler polysémie.

He bien ! les générations suivantes de linguistes ne cesseront plus d'explorer ce domaine de recherche. Les uns, comme Le Guern, pour *dévoiler les processus rhétoriques (métaphore, métonymie) ou, comme Robert Martin, logiques (extension, restriction ou spécialisation, analogie) qui président au changement de sens – dans le premier cas l'on constate que la langue en tant que phénomène collectif et durable (le lexique) a recours aux mêmes procédés que dans leur atelier privé les écrivains et les poètes pour une novation de sens (la figure de style) qui n'a d'existence que pour un moment ; les autres, comme Jules Marouzeau, pour mettre l'évolution du sens des mots en relation avec les activités de l'homme en société.*

C'est par l'étude de ces procédés que nous ouvrirons ce nouveau chapitre, quitte à porter ensuite l'attention, avec Claude Moussy, sur un phénomène antinomique et complémentaire de la polysémie, la synonymie (certains préféreront parler de differentiae *pour désigner le recours de la langue à une large variété de mots pour exprimer les diverses nuances d'une même notion).*

LANGUE ET SOCIÉTÉ :
PAYSANS, MILITAIRES, JURISTES, PRÊTRES

Dans une étude intitulée « Du concret à l'abstrait », *Journal des savants,* vol. 1, n° 1 (1948), p. 94-96, puis dans le chapitre « Conquête de l'abstrait » de son livre *Quelques aspects du latin littéraire,* Jules Marouzeau, vers le milieu du siècle dernier, rappelait le mot de Lucrèce sur la fameuse *patrii sermonis egestas*, « l'indigence du parler national », et montrait l'effort des écrivains, et en premier lieu de Cicéron, pour doter le latin des moyens d'exprimer des idées abstraites et philosophiques. Quelque vingt ans plus tôt, dans « Le latin, langue de paysans », *Mélanges linguistiques offerts à M. J. Vendryes* (1925), p. 251-264, il avait montré comment la langue elle-même, par nécessité, avait commencé à faire servir à l'expression de notions abstraites un lexique servant à désigner des réalités concrètes, notamment agricoles.

1. MOTS DE LA LANGUE RUSTIQUE

Noms

Forma, -ae (le moule, particulièrement le moule pour cailler le lait : cf. fr. fromage, it. *formaggio*) > forme, puis forme par excellence, beauté

Stimulus, -i (aiguillon) > encouragement

Versus, -us (sillon) > ligne, vers

Robur, -oris (le rouvre, cœur du chêne) > force

Calamitas, -atis (fléau qui menace la moisson sur pied ; le mot ne viendrait pourtant pas de *calamus*, canne, roseau, mais de la racine de *clades*) > malheur, fléau

Materies, -ei (bois de construction) > matière

Cohors, -ortis (cour de ferme : cf. *hortus*, le jardin) > la cohorte

Ager, -gri (le champ) > le territoire

Natio, -onis (naissance, mise bas) > nation

Manipulus, -i (poignée, gerbe, botte) > manipule, trentième partie de la légion, une compagnie

Fascis, -is (fagot, puis paquet) > les faisceaux de verges d'où émergeait le fer d'une hache, que portaient les licteurs devant les premiers magistrats de Rome

Adjectifs

Almus, -a, -um (nourricier : cf. *alo, alere*, nourrir) > bienfaisant, *alma,* épithète des déesses mères

Felix, -icis (fécond) > heureux

Frugi (datif de *frux*, le fruit, employé comme adj. indéclinable : qui donne une bonne récolte) > économe, honnête, vertueux

Laetus, -a, -um (riant : Virgile, *laetas segetes*) > joyeux

Optimus, -a, -um (superlatif formé sur *ops*, abondance : pourvu de richesse) > très bon, le meilleur

Probus, -a, -um (qui pousse bien) > mor. bon, honnête, probe

Procerus, -a, -um (de grande taille, litt. qui croît en avant, *pro*) > **proceres**, les grands, les chefs

Pulcher, -a, -um (magnifique, charpenté, gras) : beau

Riualis, -is, -e (riverain) > rival

Verbes

Calleo, -ere (avoir du cal aux mains) > être rompu, expert en quelque chose (*callidus*, expert)

Carpo, -ere (brouter) > cueillir (Horace, *Carpe diem*, « Cueille le jour »), mais aussi déchirer, au propre et au figuré

Cerno, -ere (trier, passer au crible, *cribrum*) > discerner, voir

Pango, -ere (ficher en terre) > fixer, conclure (*fines*, des limites ; *pacem*, la paix ; cf. *pax* et *pactum*)

Pecco, -are (broncher, faire un faux pas : cf. *pes*, la patte) > commettre une faute, chr. pécher

Puto, -are (émonder) > penser

Dans le dérivé

Bacillus, -i (le bâton) > **imbecillus, -a, -um** (faible, sans soutien)

Grex, -egis, (le troupeau) > **egregius, -a, -um** (*e grege* : qui sort du troupeau, d'où excellent)

Lira, -ae (sillon) > **deliro, -are** (sortir du sillon, d'où délirer, déraisonner)

Mulgeo, -ere (traire, presser) > **promulgo, -are** (très vraisemblablement faire sortir en pressant, mettre au jour, donc publier)

Pecus, -oris (troupeau) > **pecunia, -ae,** richesse en troupeaux, richesse (cette dérivation, admise par la tradition, est critiquée, peut-être à tort, et inversée selon Émile Benveniste, *Vocabulaire des institutions indo-européennes*, 1969, t. I, p. 21-60)

Pes, -edis (le pied, la patte) > **impedio, -ire** (entraver, empêcher), **expedio, -ire** (dégager des entraves, débrouiller) ; **impedimenta, -orum** (les bagages du soldat ; **impeditus, expeditus miles**) ; imp. **expedit,** il est utile

Scruta, -orum (hardes, friperies) > **scrutor, -ari** (fouiller, examiner : s'est dit d'abord des chiffonniers, puis des enquêteurs)

Tribulum, -i (herse à battre le blé) > donne **tribulatio, -onis** (tribulation, tourment)

Varus, -a, -um (cagneux, qui a les jambes tournées en dedans) > **praeuaricor, -ari** (d'abord labourer en faisant des crochets, puis s'applique à l'avocat qui entre en collusion avec la partie adverse, prévariquer)

N.B. Tout porte à croire que dans son emploi du dérivé le locuteur a cessé de reconnaître le mot d'origine.

2. MOTS DE LA LANGUE MILITAIRE

Tiro, -onis (jeune soldat, bleu) > débutant, novice, d'où **tiro-cinuium**, apprentissage, débuts

3. MOTS DE LA LANGUE JURIDIQUE

Iudicium, -ii (procès) > jugement, sentence, décision

Pignus, -oris (gage fourni au créancier) > gage, preuve, assurance, gage de tendresse ; pl. poét. **pignora** : les enfants chéris

Poena, -ae (amende, réparation) > punition, châtiment, époque impér. chagrin

Vindex, -icis (défenseur) > défenseur, vengeur

4. MOTS DE LA LANGUE RELIGIEUSE

Auspicium, -ii (*avis* + *spec-* : observation du vol des oiseaux, auspice) > auspice, présage

Carmen, -inis (incantation magique) > chant, poème

Castus, -a, -um (chapitré, instruit, qui se conforme au rite) > exempt de faute, vertueux, chaste

Vates, -is (devin, prophète) > poète (car les prophéties étaient rythmées)

Sur **lustrum, -i** ou **lustratio, -onis,** cérémonie de purification qui avait lieu tous les cinq ans et où les magistrats parcouraient les rangs du peuple pour le recensement, cf. fr. lustre) est fait le verbe **lustrare,** qui prit le sens de parcourir, passer en revue ; sur **sidus, -eris** (astre), les mots **considero, -are** (examiner les astres, d'où considérer), **desidero, -are,** (regretter l'absence d'astres bienfaisants, d'où regretter) et **desiderium, -ii** (regret, puis désir) ; sur **templum, -i** (le cercle délimité dans le ciel par le bâton de l'augure), le verbe **contemplor, -ari** (contempler, observer)

II

UN PHÉNOMÈNE UNIVERSEL :
LE GLISSEMENT SÉMANTIQUE

Cette extension ou élargissement du sens, particulièrement spectaculaire ici, n'est qu'une application d'un phénomène beaucoup plus universel, qui porte naturellement du particulier au général ou du général au particulier, du physique au moral, du propre au figuré, du concret à l'abstrait, etc. Le premier à tenter un classement des types de glissement, Michel Bréal, en distinguait dix : il isolait d'abord ces quatre « tendances » que sont la péjoration, la mélioration, l'affaiblissement et le nivellement, puis ajoutait la restriction et l'élargissement de sens, la métaphore, dont il soulignait la productivité, l'épaississement de sens, le raccourcissement et la contagion. Plus près de nous, Robert Martin, les réduit à quatre :

- L'extension de sens, où B est A, mais plus généralement, avec un trait sémantique en moins : *pecunia*, richesse en troupeaux, gén. richesse.

- La restriction de sens : B est A, mais en particulier, avec un trait sémantique en plus : *motus*, mouvement, spéc. mouvement de foule.

- La métonymie : B est différent de A, mais il y a une relation de contiguïté : *persona*, masque, puis personnage de théâtre

- L'analogie : B est différent de A, la relation est de similarité, soit que l'on reste dans le concret : *insula*, île, puis îlot d'habitation, soit que l'on passe à l'abstrait ou au figuré : *uia*, voie, puis méthode.

Remarque 1 : La plupart du temps, le sens propre se maintient à côté du figuré, comme si l'on avait deux mots en un : cf. Varron, *De lingua Latina*, à propos du verbe *tueor* (voir et veiller sur) : *Tueri duo significat, unum ab aspectu* [...] *alterum a curando et tutela*, « *Tueri* a deux significations, l'une qui concerne la vue [...], l'autre le soin et la protection ».

Remarque 2 : Il arrive que le sens de l'évolution fasse problème. C'est le cas de *causa* (gén. cause et jur. procès). L'étymologie étant inconnue, le sens originel est indéterminable avec sûreté. Les composés *causidicus* (l'avocat), *accusare* (accuser), *excusare* (mettre hors de cause) semblent indiquer l'antiquité du second. Mais l'emploi ancien de l'ablatif *causa*, à cause de, plaide en faveur de l'ancienneté du premier. Autre exemple, celui de *fructus* (abstr. jouissance et concr. fruit) : contrairement à la tendance qui porterait à croire que le sens premier désigne le fruit et que le sens de jouir est métaphorique dans l'expression « jouir du fruit de son travail », la formation du mot, avec le suffixe en *-tus* qui donne des substantifs abstraits, comme *cantus, adspectus, gemitus, conatus, cultus*, montre qu'à l'inverse le sens, d'abord abstrait, « action de jouir », s'est solidifié ou épaissi (on doit à Michel Bréal cette notion d'épaississement du sens) pour désigner concrètement les fruits de la terre et des arbres.

Remarque 3 : Un même vocable peut être en outre le lieu d'une combinatoire complexe de ces relations de sens. Ainsi *persona*, lieu d'une métonymie (masque de théâtre, puis personnage de théâtre), l'est aussi, à partir de celle-ci, d'une extension de sens : personnage, puis, plus gén. personne. Un mot exceptionnellement riche comme *ratio*, registre de comptes, par ext. compte, au figuré méthode de calcul, d'où, par extension, méthode en général, procédé ; de là par métonymie, ce qui permet de conduire un calcul, un procédé, un jugement, d'où, par une nouvelle métonymie, la faculté de jugement, la raison...

▸ César Chesneau Du Marsais, *Des tropes ou des différents sens dans lesquels on peut prendre un même mot dans une même langue*, Paris, 1730.

▸ Michel Bréal, *Essai de sémantique*, Paris, 1897.

▸ Michel Le Guern, *Sémantique de la métaphore et de la métonymie*, Paris, 1972.

▸ Bernard Pottier (éd.), *Sémantique et logique : études sémantiques*, Paris, 1976 ; « Organisation sémantique de l'article de dictionnaire », *Bulletin de la Société de linguistique de Paris* 73, 1978, p. 339-366 ; *Sémantique générale*, Paris, PUF, 1992.

▸ Robert Martin, *Pour une logique du sens*, Paris, 1983, rééd. 1992 ; *Les formes du sens*, Études de linguistique française, médiévale et générale offertes à Robert Martin à l'occasion de ses 60 ans, Paris, 1997 ; « Sur la nature du signifié de langue. Réflexions d'un lexicographe », *Bulletin de la Société de linguistique de Paris* 102, 2007, p. 17-33 ; « Sur les universaux du langage », *CRAI* 2014, p. 843-874.

▸ Frédéric Duval (dir.), *La Logique du sens. Autour des propositions de Robert Martin*, Paris, 2011.

▸ Michèle Fruyt, « Métaphore, métonymie et synecdoque dans le lexique latin », *Glotta* 67, 1989, p. 106-122 ; « Nature et limites de la polysémie », *La Polysémie*, Paris, 2005, p. 23-36.

Compte tenu de cette extrême complexité de l'organisation polysémique, la liste que nous donnons ci-après a seulement pour but d'attirer l'attention sur l'extraordinaire productivité du phénomène considéré.

1. UN MOT, PLUSIEURS ACCEPTIONS

Accipio, -ere : recevoir ; fig. apprendre

Acer, -cris, -cre : âpre, âcre, aigre ; mor. amer, cruel

Acies, -iei : pointe, tranchant ; milit. front, armée rangée en ordre de bataille ; éclat du regard

Adsum, -esse : assister, être présent, puis prêter assistance

Aes, -eris : bronze (métal) ; spec. monnaie de bronze, argent (*aes publicum*, argent public, *aes alienum*, dette)

Ager, -gri : champ ; polit. territoire

Ala, -ae : aile ; mil. aile de cavalerie

Anima, -ae : souffle, souffle de vie (cf. *animal*, être vivant, *semi animis*, demi-mort, *exanimis*, mort), puis âme

Animus, -i : cœur, esprit, d'où sentiments, passions, courage (*animosus* : courageux, irrité ; *animum advertere* : tourner son attention vers, blâmer, punir)

Argentum, -i : argent (métal) ; spec. argenterie, monnaie d'argent

Caput, -itis : tête, puis chef, capitale, source, etc.

Carcer, -eris : barrière (du cirque) ; anal. prison

Carpo, -ere : brouter, puis soit goûter, jouir de (Horace : *Carpe diem*), soit déchirer.

Casus, -us : chute, puis hasard (ce qui tombe) et péjor. hasard malheureux, malheur ; gramm. cas

Causa, -ae : cause ; jur. procès

Celebro, -are : fréquenter en grand nombre, puis glorifier

Classis, -is : classe d'appel ; marit. flotte

Cogo, -ere : rassembler, puis contraindre

Colo, -ere : cultiver, habiter, puis pratiquer, honorer (les dieux)

Concursus, -us : rassemblement, puis choc

Coniicio, -ere : jeter, puis conjecturer

Consilium, -ii : assemblée où l'on délibère ; projet, conseil

Contio, -onis : assemblée ; harangue

Cornu, -us et **-u** : la corne des animaux, puis trompette et aussi aile d'une armée

Corona, -ae : couronne ; polit. cercle des assistants

Cura, -ae : soin, souci ; polit. administration, direction

Depono, -ere : déposer ; abstr. renoncer à

Dexter, -a, -um : à droite ; rel. propice, favorable

Diligo, -ere : choisir, puis chérir, affectionner

Distinguo, -ere : se servir d'une pointe pour séparer, d'où distinguer

Erro, -are : errer, puis se tromper, cf. *error* : errance, puis erreur

Excellens, -entis : qui surpasse en hauteur, d'où éminent

Exercitus, -us : action de s'exercer ; milit. armée

Exilium, -ii : exil et lieu d'exil (métonymie)

Facinus, -oris : exploit ; péj. crime

Fauces, -ium : gorge ; anal. gorge d'une montagne, col d'un vase

Feruor, -oris : la ferveur, s'est dit d'abord du bouillonnement d'un liquide

Fingo, -ere : modeler, façonner, puis inventer, feindre

Foueo, -ere : réchauffer, d'où soutenir, encourager

Fuga, -ae : fuite ; polit. exil

Grauis, -is, -e : lourd, puis noble, imposant ou pénible, accablant

Haereo, -ere : être attaché, fixé, puis être embarrassé, comme le fréquentatif *haesito*

Horreo, -ere : être hérissé, trembler, craindre

Iaceo, -ere : être gisant, puis abattu, sans valeur

Immineo, -ere : surplomber, puis être imminent, menacer

Imperator, -oris : général ; polit. empereur

Imperium, -ii : pouvoir, souveraineté, domination ; polit. empire

Infans, -antis : qui ne parle pas, enfant

Ingenium, -ii : qualités innées, naturel ; mélior. intelligence, talent, génie

Insula, -ae : île ; anal. ilôt d'habitation

Iugum, -i (joug) ; anal. chaîne de montagne, sommet

Laeuus, -a, -um : qui est à gauche ; rel. défavorable

Lapsus, -us : glissade, puis faute

Latus, -eris : flanc, puis côté

Manus, -us : main, puis poignée (d'hommes)

Molior, -iri : mettre en mouvement une masse (*moles*), puis machiner

Momentum, -i (= *movimentum*, de *moueo*) : poussée, puis influence, moment décisif

Motus, -us : mouvement et émotion, polit. mouvement de foule

Mundus, -i : ornement, parure (pl. *munditiae* : la parure ; adj. *mundus*, net, propre, inversement *immundus*), puis le monde, l'univers ; cf. gr. κόσμος. Pline : *Et Graeci nomine ornamenti appellarunt eum et nos a perfecta absolutaque elegantia mundum*, « Les Grecs l'ont nommé par le mot qui désigne la parure et nous [les Latins] l'appelons 'monde' pour sa beauté achevée et absolue »

Nitor, -i : s'appuyer sur, puis s'efforcer

Nobilis, -is, -e : connu (cf. *notus*, illustre), puis noble

Nuntius, -ii : messager et message (métonymie)

Nuto, -are : faire un signe de la tête en va-et-vient, puis chanceler, de-ci, de-là

Offendo, -ere : heurter, puis choquer, offenser

Omitto, -ere : laisser aller, puis passer sous silence, omettre

Pateo, -ere : être ouvert, accessible, puis être évident (de même *patefacio*, *patefio*)

Pendeo, -ere : être suspendu, dépendre de

Pendo, -ere : peser, puis estimer

Persona, -ae : masque, puis mét. personnage de théâtre, puis personne

Princeps, -ipis : le premier ; polit. le prince

Principatus, -us : premier rang, prééminence ; polit. principat, dignité impériale

Principium, -ii : commencement ; rhét. exorde, principe

Prouincia, -ae : charge et province (métonymie)

Prudens, -entis : prévoyant (*providens*), puis prudent, sage

Pubes, -is : poil, signe de virilité, puis coll. la jeunesse

Puer, -eri : enfant ; spéc. jeune esclave

Ratio, -onis : compte, puis méthode, manière, doctrine, raison

Rego, -ere : diriger en ligne droite, puis régir, gouverner (le roi : *rex*)

Repulsa, -ae : échec ; polit. échec d'une candidature

Riualis, -is, -e : de ruisseau, riverain, gén. rival

Saeculum, -i : génération, puis durée d'une génération : époque, siècle

Saltus, -us : saut, bond ; relief qu'on doit franchir d'un bond

Sapio, -ere : avoir du goût (cf. *sapidus*, savoureux), puis du sens : cf. *sapiens* (sage), *sapientia* (sagesse)

Sinus, -us : pli du vêtement, sein ; anal. golfe, anse

Specto, -are : regarder, puis viser

Spes, -ei : attente ; mélior. espoir

Spina, ae : épine ; anal. arête du cirque

Stirps, -pis : souche, puis souche d'une famille, descendance

Studium, -ii : zèle, goût, passion ; étude

Sublimis, -is, -e : suspendu en l'air, tourné vers le ciel (Ovide dit de l'homme qu'il est le seul des êtres vivants à avoir le visage tourné vers le ciel, *os sublime*), puis haut, élevé, grand, sublime

Superbus, -a, -um : qui se trouve au-dessus, d'où altier, hautain

Suscipio, -ere : soulever, puis entreprendre

Tabula, -ae : tablette, pour écrire ; spéc. tableau peint

Tempestas, -atis : temps (moment, époque, saison) ; temps (température) ; péj. tempête, mauvais temps (pr. ou fig.)

Tollo, -ere : soulever, prendre (cf. les mots de la chanson enfantine entendus dans le jardin, *Tolle, lege*, « Prends et lis », qui décident de la conversion d'Augustin en le poussant à prendre en main les Épîtres de Paul) ; puis enlever, détruire

Torqueo, -ere : faire tourner, brandir, puis tourmenter (cf. *tormentum* : machine à lancer des traits, et instrument de torture, torture, souffrance)

Tracto, -are : manipuler, puis traiter

Tueor, -eri : regarder, puis veiller sur, protéger

Turgidus, -a, -um : enflé et emphatique

Valetudo, -inis : santé : péj. mauvaise santé, maladie

Varius, -a, -um : tacheté, moucheté, puis varié

Vastus, -a, -um : vide (cf . *uacuus, uacare*), puis vaste

Versus, -us : action de tourner (*uertere*) la charrue au bout du sillon, sillon, puis ligne, poét. vers

Via, -ae : route, puis voie, méthode

Vir, -i : l'homme avec ses qualités viriles ; mil. guerrier, héros ; soc. mari

2. SIMPLES ET DÉRIVÉS

Adultero, -are (corrompre, altérer) > **adulter, -i, adulterium, -ii.** Cf. Bréal : « *Adulterare* est un composé de *alterare* : il avait à peu près le même sens. On disait *adulterare colores*, « changer les couleurs », *adulterare nummos*, « falsifier les monnaies », *adulterare jus*, « fausser le droit ». Mais comme on a dit aussi *adulterare matrimonium*, il en est sorti un sens spécial qui a passé aux dérivés *adulterium* et *adulter*. »

3. GLISSEMENT POLYSÉMIQUE LIÉ AU PLURIEL

C'est ce que l'on observe en français avec un médium et les médias.

Aedes, -is (temple) : pl. **aedes, -ium**, maison

Auxilium, -ii (secours) : pl. **auxilia, -orum**, troupes auxiliaires

Copia, -ae (abondance) : pl. **copiae**, ressources, richesses ; milit. troupes

Eques, -itis (cavalier) : pl. **equites, -tum**, l'ordre des chevaliers

Finis, -is (borne, limite, fin) : pl. **fines, -ium**, frontières, territoire

Honos, -oris (honneur) : pl. **honores, -um**, magistratures (cf. le *cursus honorum*)

Littera, -ae (lettre de l'alphabet) : pl. **litteræ, -arum**, une lettre (missive), les Lettres, la littérature

Ludus -i (jeu, école : *magister ludi*, le maître d'école) : pl. **ludi, -orum**, jeux publics (*ludi Megalenses*)

Maior, -oris (plus grand, aîné : *maior natu*) : pl. **maiores, -orum**, les ancêtres

Ops, is (abondance ou aide) : pl. **opes, -um**, ressources, richesse et part. forces militaires

Pars, -tis (part, partie) : pl. partes, -ium, rôle (d'un acteur, d'un orateur : *primae partes, partes accusatoris*), parti politique

Pater, -tris (père) : pl. patres, -um, les pères (ancêtres) ; les patriciens *patres conscripti*, les sénateurs

Posterus, -a, -um (qui vient après, suivant) : pl. posteri, -orum, les descendants, la postérité

Princeps, -ipis (le premier, le prince) : pl. principes, -um, mil. soldats du premier rang, élite, polit. chefs, les princes de la maison impériale

Signum, -i (signe distinctif ; signal : *signo dato*, au signal donné ; statue, œuvre d'art : cf. le plaidoyer de Cicéron, *De signis*) : pl. signa, -orum, enseignes (*mouere signa*, lever les enseignes)

Socius, -a, -um (associé, compagnon ou complice) : polit. surtout au pl. socii, -orum, alliés

Superus, -a, -um (celui qui est au-dessus, supérieur) : pl. Superi, -orum, les dieux du ciel, par opposition aux Inferi, -orum, les dieux d'en bas, des enfers.

Vis, -is (force) : pl. uires, -ium, forces militaires

4. DE L'ACTIF AU PASSIF

Video, -ere (voir) : uideor, -eri, sembler : cf. *mihi uidetur*, il me semble.

N.B. Relèvent de la formation du mot et non de la polysémie, puisqu'il s'agit de mots différents, les différences entre noms d'arbres et noms de fruits :
pirus, -i (poirier), féminin pira, -ae (poire) ; malus, -i (pommier), neutre malum, -i (pomme)

5. VALEURS POLAIRES

Appelons ainsi un phénomène désigné, d'un mot bien savant, **énantiosémie**, créé du gr. σῆμα, sens, et ἐναντίος, opposé : la capacité d'un même mot à assumer deux sens opposés (cf. en français : l'hôte, celui qui reçoit et celui qui est reçu ; louer, prêter un logement contre paiement mais aussi l'emprunter). Ainsi en latin :

Altus, -a, -um : haut ou profond

Sacer, -cra, -crum : sacré ou maudit

Gratus, -a, -um : agréable ou reconnaissant

Infestus, -a, -um : hostile ou odieux

Caecus, -a, -um : aveugle ou obscur

Certus, -a, -um, décidé à (act.) ou qui est décidé, sûr, certain

Desidero, -are : désirer ou regretter

Tutus, -a, -um : qui est à l'abri ou où l'on est à l'abri

Fides, -ei : confiance ou fidélité, loyauté

Ignotus, -a, -um : inconnu ou ignorant

Oblitus, -a, -um : oublieux ou oublié

Peto, -ere : attaquer ou rechercher

Moror, -ari : s'attarder (intr.) ou retarder (trans.)

Modus, -i : mesure (quantité) ou manière (qualité)

Formidolosus, -a, -um : peureux ou effrayant, terrible

Fastidiosus, -a, -um : dédaigneux ou qui produit du dégoût, fastidieux

Valetudo, -inis : santé ou mauvaise santé, maladie

III
SYNONYMES OU PLUTÔT *DIFFERENTIAE*

Nous appellerons ici **synonyme** un mot dont le sens est à peu près le même que celui d'un autre mot, tout en présentant une différence qui permet de les distinguer.

On gardera d'autre part en mémoire les avertissements de Jules Marouzeau, invitant à tenir compte, dans l'emploi qui est fait par les auteurs des mots de sens voisins, de facteurs autres que les nuances de sens, comme l'âge (des mots vieillissent ou s'affaiblissent et sont remplacés par de plus expressifs ; leur emploi constitue alors un archaïsme), ou le niveau de style (distinction ou vulgarité, prose ou poésie) : on parlera alors de connotation, ici archaïsante, là poétique ; le choix du mot peut être dicté aussi par des contraintes syntaxiques ou prosodiques (tel mot n'entre pas dans le vers héroïque, etc.).

Par exemple :

Contrainte syntaxique

Inquam, inquit, défectif, s'emploie en incise (dis-je, dit-il), alors que **dico, -ere** (dire) se construit avec un complément ou une complétive ; **aio, ais**, défectif aussi, a les deux emplois

Variation stylistique ou poétique

Oculi, -orum (les yeux) : poét. **lumina, -orum**

Terra, -ae (la Terre) : poét. **tellus, -uris**

Homines, -um (les hommes) : poét. **mortales, -ium**

Poeta, -ae (le poète) : poét. **uates, -is** (le devin, puis le chantre, le poète)

Flumen, -inis, fluvius, -ii (le fleuve) : poét. **amnis, -is**

Filius, -ii (le fils) : poét. **natus, -i**

Pater, -tris (le père) : poét. **parens, -entis**

Mors, -tis (la mort) et **nex, -ecis** (la mort donnée, violente : cf. *necare*) : poét. **letum, -i** (trépas), mot archaïque conservé en poésie comme noble

Aqua, -ae (l'eau) : poét. **unda, -ae, lympha, -ae**

Tempus, -oris (le temps) et **aetas, -atis** (temps de la vie, âge, époque, siècle ; cf. *aeternus*, éternel) : arch. et plutôt poét. **aeuum, -i** (durée de la vie, éternité)

Coma, -ae (la chevelure) et **capilli, -orum** (les cheveux) : poét. **caesaries, -ei** (cf. sct. *késaram*, cheveux, crinière)

Nuance sémantique

Partout ailleurs entre en jeu non plus simplement la connotation, mais la **dénotation**, qui concerne les valeurs de vérité. On s'efforcera dans les lignes qui suivent de préciser les nuances de sens qui séparent des mots qu'on serait tenté de regarder comme des synonymes. C'est une chose, écrit Cicéron, d'être un *amator* (homme à femmes), autre chose un *amans* (un amoureux) ; et Caton : *Aliud est amor, longe aliud cupido*, « Une chose est l'amour, tout autre chose le désir » ; ou encore *Aliud est properare, aliud est festinare*, « Qui fait une chose à point, se hâte, qui entreprend plusieurs choses et n'en achève aucune, agit avec précipitation ». Les Anciens, qui avaient une conscience aiguë de ce problème, donnaient à ce type de nuances le nom de *differentiae*, nuances, et ils en avaient constitué des recueils entiers : le recueil d'Isidore de Séville (VIᵉ-VIIᵉ siècle ap. J.-C.), intitulé *De differentiis*, contient ainsi 482 items.

> ► Claude Moussy (éd.), *Les Problèmes de la synonymie en latin*, Paris, 1994 ; *Synonymie et antonymie en latin*, 2011 ; et notamment la contribution de Pierre Flobert, « Les *differentiae* chez les grammairiens latins ou le refus de la synonymie », p. 11-23.

Acutus, -a, -um (aigu), **argutus, -a, -um** (brillant : cf. *argentum*) : un ouvrage d'un théoricien polonais nommé Maciej K. Sarbieswski paru en 1627 est intitulé *De acuto et arguto, De l'acuité et du brillant dans les ouvrages de l'esprit*, **subtilis, -is, -e** (fin, délié, délicat, pénétrant, subtil), **sollers, -tis** (habile, adroit : cf. *ars*), **callidus, -a, -um** (qui a du savoir-faire, habile : cf. *calleo*, avoir du cal aux mains), **uafer, -fra, -frum** (emprunt osque : adroit, rusé)

Admoneo, -ere (avertir), **suadeo, -ere, persuadeo, -ere** (persuader), **hortor, -ari** (inviter éloquemment, exhorter)

Aduersarius, -a, -um (contraire, msc. rival, adversaire), **riualis, -is, -e** (riverain, rival en amour)

Aedes, -is (temple, originellement lieu où l'on brûle de l'encens, cf. gr. αἴθω, enflammer), **templum, -i** (le temple), **fanum, -i** (sanctuaire : cf. *fas*, ce qui est permis par la loi divine ; *nefas*, ce qui est interdit ; *profanus*, impie, profane), **delubrum, -i** (sanctuaire : cf. *luo, lustrum*)

Aegrotatio, -onis (maladie, souffrance physique), **aegritudo, -inis** (chagrin), les deux formés sur *aeger* et *aegrotus* (malade)

Aequus, -a, -um (plat, calme, juste, égal ; cf. *aequitas*, adv. *aeque* ; *aequor* : la mer), **praesens, -entis** (présent, efficace, favorable), **faustus, -a, -um** (heureux, favorable : cf. *faueo, -ere*, être favorable, et la formule augurale *quod bonum faustum felix fortunatumque sit* (traduire ?), prononcée par le magistrat avant d'entreprendre une action importante)

Aer, -eris (l'air, couche inférieure de l'athmosphère), **aether, -eris** (l'éther, couche supérieure)

Albus, -a, -um (blanc mat), **candidus, -a, -um** (blanc brillant, l'impression agréable qu'elle fait sur nous), **canus, -a, -um** (blanc de vieillesse, en parlant des cheveux, cf. fr. chenu, d'où *canities*, la vieillesse)

Alii, -orum (d'autres, les autres), **reliqui, -orum** (le reste : cf. *relinquo*, laisser), **ceteri** (tous les autres)

Amoenus, -i, amoenitas, -atis (agréable, charmant ; se dit d'un paysage), **suauitas, -atis, humanitas, -atis, comitas, -atis** (douceur, bienveillance, aménité ; se dit d'une personne)

Antiquus, -a, -um (antique), **uetus, -eris** (vieux), **uetustus, -a, -um** (archaïque), **pristinus, -a, -um** (ancien), **priscus, -a, -um** (très ancien)

Amo, -are (aimer), **diligo, -ere** (affectionner)

Ars, -tis (art, technique) et **disciplina, -ae** (science particulière) semblent s'opposer comme en grec τέχνη et ἐπιστήμη ; mais on a aussi **scientia, -ae** (science) et **doctrina, -ae** (science, théorie)

Ater, -tra, -trum (noir mat), **niger, -gra, -grum** (noir brillant)

Caedes, -is (meurtre, massacre ; cf. *caedo*, frapper, tailler, tuer), **clades, -is** (désastre), **strages, -is** (jonchée, décombres, massacre ; cf. *sterno*, étendre sur le sol)

Clarus, -a, -um (clair, brillant, en vue, illustre), **nobilis, is, -e** (connu, célèbre ; polit. noble), **illustris, -is, -e** (clair, éclatant, en vue, marquant ; titre donné aux préfets du prétoire et aux magistrats de rang supérieur dans l'Antiquité tardive, à côté de *spectabilis* et *clarissimus*, donnés aux fonctionnaires d'un rang inférieur)

Cogo, -ere (rassembler, pousser de force, forcer), **coerceo, -ere** (enfermer, contenir, réprimer)

Conor, -ari (se préparer, entreprendre), **tempto, -are** (essayer), **nitor, -i** (s'appuyer sur, s'arc-bouter, s'efforcer)

Credibilis, -is, -e (croyable), **probabilis, -is, -e** (probable), **uerisimilis, -is, -e** (vraisemblable)

Continuus, -a, -um (continu, adjacent, consécutif), **perpetuus, -a, -um** (continu, perpétuel), **iugis, -is, -e** (qui dure, qui coule toujours)

Currus, -i (char), **carrus, -i** (gaul. chariot), **carpentum, -i** (gaul. chariot), **plaustrum, -i** (charrette)

Damnum, -i (dommage), **detrimentum, -i** (détriment, dommage), **iactura, -ae** (perte), **injuria, -ae** (affront, préjudice)

Decerno, -ere (décider, trancher, décréter), **statuo, -ere** (poser, établir, puis arrêter, résoudre)

Domus, -us (la maison), **aedes, -ium** (pl. le foyer) : selon Alfred Ernout, dans l'article « *Domus, aedes* et leurs substituts », l'un est plus abstrait, l'autre, plus concret : « Quand un latin prononçait le mot *domus*, ce n'est pas tant l'idée d'un bâtiment plus ou moins grand, plus ou moins beau, qui s'éveillait en lui et qu'il inspirait chez ses auditeurs, que l'idée d'un endroit où il était son maître [*dominus*], où il avait son domicile. »

Donum, -i (don), **munus, -eris** (cadeau, cf. *munificentia* ; mais aussi charge, office, et spectacle public, en part. combats de gladiateurs : *dare munera*, donner des jeux), **praemium, -ii** (récompense)

Dubito, -are (douter, *de aliqua re* : hésiter au sujet de quelque chose ; *an :* se demander si ; *an … utrum an* : si ou si), **cunctor, -ari** (temporiser, balancer : Fabius Cunctator, en temporisant (*cunctando*), a réussi à retarder les progrès d'Hannibal)

Dulcis, -is, -e (doux), **suauis, -is, -e** (doux, agréable), **mitis, -is, -e** (doux, aimable, gentil), **blandus, -a, -um** (caressant : cf. *blanditiae*, caresses, et le verbe *blandior, -iri*, cajoler, charmer), **mansuetus** (*manus* et *suetus* : apprivoisé, doux, tranquille, calme, d'où *mansuetudo*, douceur des animaux apprivoisés, bienveillance)

Esse (être), **uersor, -ari** (se trouver), **fio, -eri** (arriver, devenir), **euado, -ere** (devenir avec effort)

Euenit (il arrive, en bonne part) ; **accidit** (il arrive, souvent en mauvaise part) ; **fit, contingit** (il arrive, indifférent)

Exercitus, -us (l'armée), **acies, -iei** (l'armée rangée en ordre de bataille), **agmen, -inis** (l'armée en colonne)

Facta, -orum (actions), **gesta, -orum, res gestae** (exploits militaires : cf. les *Res gestae diui Augusti*, testament politique de l'empereur Auguste, dont le texte, retrouvé gravé sur des tables de bronze à Ancyre en 1555, fut publié par Mommsen en 1865 et dédié à l'Académie des inscriptions).

Fama, -ae (renommée), **gloria, -ae** (gloire), **laus, -dis** (louange) : entre les deux derniers, une différence de degré (Cicéron : « Si tous les hommes recherchent la louange, seuls les meilleurs prétendent à la gloire » ; en outre, le second s'emploie volontiers au pluriel : Virgile a écrit des *laudes Italiae*)

Femina, -ae (femme, femelle), **mulier, -eris** (femme, épouse), **uxor, -oris** (banal, épouse), **coniux, -ugis** (noble, épouse), **matrona, -ae** (matrone)

Fero, ferre (porter), **patior, -ti** (supporter), **tolero, -are** (porter, endurer)

Forma, -ae (forme parfaite, beauté), **decor, -oris** (beauté de ce qui est séant, cf. *decet*, il convient), **lepos, -oris** (grâce, charme, agrément ; adj. *lepidus*), **species, -iei** (belle apparence : cf. *aspicio*, voir, regarder, *aspectus*, regard, vue, aspect), **pulchritudo, -dinis** (beauté)

Fors, -tis, abl. **forte** (hasard, par hasard), **fortuna, -ae** (fortune, divinisée), **fatum, -i** (le destin, de *for, -ari*, parler : ce qui a été dit, comme nous disons : ce qui est écrit), **sors, -tis** (sort, lot réservé à chacun : cf. *sortior, -iri*, recevoir en partage), **casus, -us** (accident, malheur), **occasio, -onis** (occasion : celle-ci, qui correspond au grec καιρός, est personnifiée sous la forme d'une femme chauve avec seulement une mèche de cheveux sur le front, à saisir quand elle se présente)

Furtum, -i (vol ; cf. *fur*, du gr. φώρ, le voleur, *furtim*, en cachette, *furari*, voler), **latrocinium, -ii** (brigandage : *latro, -onis*, le brigand)

Gaudeo, -ere (se réjouir), **delector, -ari** (être charmé, réjoui par quelque chose ou quelqu'un)

Gelidus, -a, -um (frais), **frigidus, -a, -um** (froid)

Gens, -tis (famille, clan), **genus, -eris** (lignée : Salluste dit de Catilina : *nobili genere natus*), **domus, -us** (maison), **familia, -ae** (maisonnée, ensemble des maîtres et des serviteurs : *paterfamilias*, le chef de famille et maître de la maison)

Impetro, -are (obtenir), **obtineo, -ere** (occuper, conserver, maintenir), **consequor, -i** (atteindre, obtenir)

Invenio, -ire (trouver, inventer), **reperio, -ire** (découvrir), **comperio, -ire** (découvrir, apprendre ; *compertum habere* : savoir de source sûre), **quaero, -ere** (chercher, rechercher), **conquiro, -ere** (rechercher partout)

Iniuria, -ae (dommage, injustice, cf. *ius*, le droit), **contumelia, -ae** (injure, outrage)

Janua, -ae (porte de la maison), **porta, -ae** (de la ville), **fores, -ium** (pl. porte à deux battants ; gén. inusité)

Iubeo, -ere (ordonner), **impero, -are** (commander, exercer le pouvoir), **mando, -are** (donner mandat, confier)

Laeuus, -a, -um et **sinister, -tra, -trum** sont équivalents et cumulent le sens de ce qui est à gauche (*laeva*, la main gauche), gauche, c'est-à-dire maladroit, et enfin malheureux, hostile, de mauvais présage, mais aussi et inversement propice, dans la langue augurale des Romains

Lapis, -idis (pierre ; cf. fr. lapidaire, lapicide), **rupes, -is** (roche : cf. fr. rupestre), **saxum, -i** (pierre brute, roche, rocher), **scopulum, -i** (écueil)

Lex, legis (la loi), **mos, -oris** (la coutume, l'usage : *mos maiorum*, la coutume des anciens, la coutume ancestrale), pl. **mores, -um** (les mœurs ; cf. Horace : *Quid leges sine moribus ?* « Que sont les lois sans les mœurs ? »), **consuetudo, -inis** (l'habitude)

Litus, -oris (rivage de la mer), **ripa, -ae** (d'un fleuve), **ora, -ae** (rivage, rive d'un lac et de la mer)

Ludo, -ere (jouer : cf. *ludus*, activité désintéressée, jeu en acte, et aussi école), **iocor, -ari** (plaisanter, jouer : cf. *iocus*, jeu en paroles, pl. *Ioci*, et *ioca*, les plaisanteries, *iocosus*, plaisant, d'où le fr. joyeux)

Mare, -is (la mer), poét. **aequor, -oris** (surface de la mer : cf. *aequus*, égal), **altum, -i** (poét. la haute mer), **sal, -is** (élément salé), **freta, -orum** (les flots), **pontus, -i** (calque du grec πόντος), **pelagus, -i** (calque du grec πέλαγος)

Minor, -ari, minitor, -ari (menacer) ; **immineo, -ere** (être suspendu, imminent, menacer), avec sujet de chose, comme **impendo, -ere** ; **insto, -are** a les deux emplois

Mors, -tis (mort), **letum, -i** (poét. trépas), **nex, -cis** (mort violente ; *neco, -are*, tuer), **obitus, -us, interitus, -us, exitus, -us** (tous composés de *ire*, aller, d'où décès), **finis, -is** (fin)

Nolo, nolle (refuser), **veto, -are, impedio, -ire** (empêcher), **prohibeo, -ere ne** + subj. (interdire), **obsto, -are, obsisto, -ere** (s'opposer), **obsum, -esse** (faire obstacle, nuire)

Omnis, -is, -e (chaque), **totus, -a, -um** (tout), **cunctus, -a, -um** (tout entier)

Oppidum, -i (place forte), **arx, -cis** (citadelle)

Oro, -are (prier), **obsecro, -are** (supplier), souvent liés en gradation (*Te oro atque obsecro*, je te prie et te supplie), **quaeso, -ere** (demander, prier ; 1ère pers. en incise : je t'en prie, de grâce), **precor, -ari** (prier, souhaiter)

Osculum, -i (formé sur *os*, la bouche ; verbe dép. *osculor, -ari*), **suauium** (cf. *suauis*, dim. **suauiolum** ; verbe *suauior, -ari*, embrasser, baiser), **basium, -ii** (dim. **basiolum, -i** ; verbe *basio, -are*). Les trois termes désignent le baiser, mais Isidore écrit : « Nous donnons l'*osculum* à nos fils et filles, le *basium* à l'épouse, le *suauium* à la maîtresse. »

Ostentum, -i, monstrum, -i, prodigium, -ii, portentum, -i : tous ces mots signifient un prodige, mais cf. *Appendix Probi* : « Les deux premiers *praesentia ostentant*, les deux autres *futura significant*. » ; **omen** (présage)

Paries, -iei (le mur, la cloison), **murus, -i** (mur de la ville), **moenia, -orum** (les remparts ; cf. le verbe *munire*, fortifier)

Periculum, -i (expérience, épreuve, danger), **discrimen, -inis** (point de séparation, différence, décision, position critique)

Permitto, -ere (permettre), **sino, -ere** (laisser libre de, permettre), **patior, -i** (souffrir, endurer)

Peto, -ere (rechercher, attaquer, réclamer), **rogo, -are** (demander), **posco, -ere** (exiger, réclamer), **postulo** (demander, réclamer)

Pietas, -atis (sentiment qui fait reconnaître et accomplir tous les devoirs : affection envers les parents, piété envers les dieux...), **caritas, -atis**, amour, tendresse, chrét. charité, amour de dieu et du prochain), **beneuolentia** (bienveillance, dévouement), **humanitas, -atis** (humanité, bonté, culture)

Piget (impers. *mihi piget*, je regrette), **pudet** (impers. *mihi pudet*, j'ai honte). Cf. Nonius : *Pudet enim uerecundiae, piger penitentiae*, « *Pudet* relève de la honte, *piget* du repentir »

Poena, -ae (compensation, amende, rançon, puis peine infligée, puis chagrin), **supplicium, -ii** (supplication, en part. sacrifice aux dieux pour une faute commise, d'où châtiment et supplice)

Placeo, -ere (plaire), **delecto, -are** (charmer), **libet** (impers. il <me> plaît)

Politus, -a, -um (lisse, fourbi ; poli par l'instruction, raffiné), **peritus, -a, -um** (expérimenté, habile), **eruditus, -a, -um** (dégrossi, formé, savant, érudit : cf. *rudis, erudire*)

Pondus, -eris (poids), **onus, -eris** (charge, au propre et au figuré : avec la paronomase, *honores onera* : les honneurs sont des charges)

Populus, -i (le peuple dans son entier, entité politique), **plebs, -bis** (la plèbe, partie du *populus*)

Posterus, -a, -um (suivant), **recens, -entis** (nouveau, récent), **nouus, -a, -um** (nouveau, jeune, singulier)

Promitto, -ere (promettre), **polliceor, -eri** (offrir, promettre), cf. Isidore : *Promittimus rogati, pollicemur ultro*, « Nous acquiesçons à la demande, et promettons spontanément »

Pugna, -ae (combat) et verbe **pugno, -are, dimicatio, -onis, dimico, -are** (bataille, livrer bataille)

Puto, -are (émonder, puis penser), **credo, -ere** (confier, croire), **arbitror, -ari** (arbitrer, penser), d'où *arbitrium* (jugement), **reor, -eri** (calculer, d'où penser : cf. gr. ἀριθμός), **aestimo, -are** (évaluer ; on y voit un lien avec *aes*, la monnaie de cuivre ou de bronze) et le composé **existimo, -are** (estimer, juger), **sentio, ire** (sentir, éprouver, avoir dans l'esprit, penser, cf. *sententia*, avis, sentence), **cogito, -are** (réfléchir, avec l'accent sur l'opération mentale, que l'on suive l'étymologie de Paul Diacre : *Longa eiusdem rei agitatio*, ou celle de Varron : *Mens plura in unum cogit*), **duco, -ere** (tirer, conduire, estimer), **censeo, -ere** (déclarer de façon formelle : cf. le lien avec les censeurs, qui déclarent les biens de chaque citoyen), **pro certo habeo** (tenir pour certain)

Pyra, -ae (calque du grec, bûcher), **rogus, -i** (bûcher), **bustum, -i** (cf. *amburo, comburo* : bûcher, sépulture)

Rapidus, -a, -um (qui emporte, cf. *rapio*, d'où rapide, impétueux), **celer, -eris** (prompt, leste), **uelox, -ocis** (agile à la course, rapide)

Scio, -ire (savoir), **nosco, -ere** (apprendre, avec le suffixe d'inchoatif), au parfait **noui** (je sais), **accipio, -ere** (recevoir, apprendre), **cognosco, -ere** (apprendre à connaître, connaître)

Se praebere (se montrer), **se gerere** (se conduire)

Sedes, -is (siège en général) se diversifie avec **sella, -ae** (chaise), **cathedra, -ae** (chaise à dossier), **thronus, -i** (trône), **solium, ii** (fauteuil)

Sermo, -onis (conversation), **oratio, -onis, contio, -onis** (discours public)

Signum, -i (donne en v. fr. *seing*, signe, mil. enseigne, statue ; cf. le discours de Cicéron, *De signis*, sur les vols d'œuvres d'art commis par Verrès), **statua, -ae** (statue), **effigies, -iei** (image, portrait), **imago, -inis** (portrait, image, spectre, écho, fantôme), **simulacrum, -i** (image, portrait, effigie, statue)

Silua, -ae (forêt), **lucus, -i** (même racine que *lux, -lucis*, la lumière : éclaircie dans un bois sacré, puis bois sacré), **saltus, -us** (saut, espace qu'on doit franchir d'un bond, défilé, gorge boisée, région de bois et de pacage), **iugum, -i** (joug, puis hauteur, cime), **fauces, -ium** (gorge, défilé étroit, cratère)

Stella, -ae, astrum, -i (étoile, astre), **sidus, -eris** (constellation)

Studium, -ii (goût, zèle, application), **desiderium, -ii** (désir et aussi regret), **amor, -oris** (amour), **libido, -dinis** et **cupido, -dinis** (désir, en part. désir amoureux : Cupidon, comme l'Éros grec, est le dieu du désir)

Taceo, -ere (se taire), **sileo, -ere** (ne faire aucun bruit, et, parlant des choses, être silencieux)

Tollo, -ere (soulever, enlever), **aufero, -erre** (emporter), cf. Nonius : *auferre = leuatum transferre*)

Timeo, -ere, uereor, -eri ne, metuo, -ere (craindre), **formido, -are, reformido, -are** (appréhender) ; **paueo, -ere** (être effrayé), **terreor, -eri** (être terrifié)

Tristis, -is, -e (triste, sinistre, sombre ; *Tristia*, nom d'une œuvre poétique d'Ovide), **maestus, -a, -um** (profondément affligé : cf. *maeror, maereo*), **sollicitus, -a, -um** (inquiet), **perturbatus, -a, -um** (bouleversé)

Vrbs, -bis (la ville dans ses murs), **ciuitas, -tatis** (la cité, ensemble des citoyens), **oppidum, -i** (la cité fortifiée), **arx, -cis** (la citadelle)

Vtor, -i (se servir de), **fruor, -i** (jouir de), **adhibere ad** (utiliser, appliquer à)

Valeo, -ere (être fort, en bonne santé, avoir de la valeur, signifier), **salueo, -ere** (se bien porter : cf. *salus, -utis*) ; cf. l'emploi avec *aue* (*Aue, Caesar, morituri te salutant*), et les formules de salut : *salue, uale*, la deuxième pour prendre congé ; **uigeo, -ere** (être en vigueur, en honneur), **polleo, -ere** (être puissant), **possum, posse** (pouvoir)

Varius, -a, -um (moucheté, varié), **diuersus, -a, -um** (opposé : cf. le préfixe *di-*, de séparation)

Verba, -orum (mots), **uoces, -um** (paroles), **nomen, -inis** (nom)

Via, -ae (route, voie : la Via Appia, la Via Nomentana), **iter, -tineris** (chemin qu'on fait, trajet : cf. le verbe *ire*, aller), **semita, -ae** (sentier), **cliuus, -i** (rampe), **trames, -itis** (chemin de traverse), **uicus, -i** (rue, quartier : cf. gr. οἶκος, la maison)

Video, -ere (voir), **cerno, -ere**, **aspicio, -ere** (apercevoir), **specto, -are** (observer), **tueor, -eri** (avoir l'œil sur, protéger), **intueor, -eri** (porter ses regards sur), **contemplor, -ari** (considérer, contempler)

Vulgus, -i (le commun, le vulgaire), **turba, -ae** (la foule), **multitudo, -dinis** (la multitude), **populus, -i** (le peuple comme unité politique), **plebs, -bis** (la plèbe). Cf. l'inscription édilitaire SPQR relevée partout et mise pour *Senatus populusque Romanus*, ou Horace : *Odi profanum uulgus et arceo*, « Je hais le vulgaire profane et le tiens à l'écart »

Vultus, -us (expression, air du visage : cf. le verbe *uolo*), **facies, -iei** (aspect, physionomie), **os, -oris** (la bouche en tant qu'organe de la parole ; l'embouchure, comme *ostium* et le port d'Ostie, pl. *ostia*, huis ; par extension, face, figure), n.p.c. avec *os, ossis*, l'os.

Quatrième partie
Vers le français

L'Empire romain s'étend partout où règne la langue latine.

(Lorenzo Valla, Elegantiae linguae Latinae)

Le latin n'est pas une langue ancienne parmi d'autres : le latin est pour le français la langue ancienne.

(Cécilia Susini, *Sans le latin*)

On donnait ce jour-là un grand dîner, où, pour la première fois, je vis avec beaucoup d'étonnement le maître d'hôtel servir l'épée au côté et le chapeau sur la tête. Par hasard on vint à parler de la devise de la maison de Solar, qui était sur la tapisserie avec les armoiries : *Tel fiert qui ne tue pas.* Comme les Piémontais ne sont pas pour l'ordinaire consommés dans la langue française, quelqu'un trouva dans cette devise une faute d'orthographe, et dit qu'au mot *fiert* il ne fallait point de *t*. Le vieux comte de Gouvon allait répondre ; mais ayant jeté les yeux sur moi, il vit que je souriais sans oser rien dire : il m'ordonna de parler. Alors je dis que je ne croyais pas que le *t* fût de trop, que *fiert* était un vieux mot français qui ne venait pas du nom *ferus*, fier, menaçant, mais du verbe *ferit*, il frappe, il blesse ; qu'ainsi la devise ne me paraissait pas dire : *Tel menace*, mais *tel frappe qui ne tue pas.*

(Jean-Jacques Rousseau, *Confessions*, livre III)

Cinquième lettre : cette langue qui vit dans la nôtre

Chère Mathilde,

Tu te demandes comment la langue de ce qui n'était à l'origine qu'une petite bourgade établie au bord du Tibre, prise en étau entre deux civilisations avancées, celle des rois étrusques et celle des cités de la Grande Grèce, a pu connaître une si prodigieuse expansion et devenir, en se transformant, la mère de l'italien, du français, de l'espagnol, du portugais, du roumain et j'en passe... Sache que pareil résultat est lié, autant qu'à la conquête militaire qui, tu l'as appris en histoire, la rend progressivement maîtresse d'abord de l'Italie, puis d'une grande partie du monde habité, au succès de la romanisation, à l'assimilation culturelle et linguistique de la plupart des peuples soumis. Rapidement établie dans la péninsule, elle s'impose aussi, au moins comme langue officielle, dans le monde grec et hellénistique qui au moment de la conquête dispose pourtant d'une culture supérieure, elle triomphe dans la partie occidentale de l'Europe, notamment en Espagne, patrie des deux Sénèque, de Lucain et de deux des meilleurs empereurs de Rome, Trajan et Hadrien, et en Gaule, où Lyon est le siège de l'administration et la ville natale de Claude et de Caracalla. Dans tous ces pays, la langue latine s'est imposée grâce à une politique assimilatrice d'une grande intelligence. Le droit de cité, d'abord réservé aux gentes patriciennes, fut étendu en 89 av. J.-C. à tous les habitants de l'Italie, puis en 212, par l'édit de Caracalla, à tous les habitants de l'empire, justifiant l'éloge de Rutilius Namatianus félicitant Rome d'avoir donné « aux peuples divers une patrie commune », et les applaudissements des apologistes chrétiens qui

voient la conquête, dans une perspective providentielle, comme la condi-
tion de la propagation universelle de la nouvelle foi. Ce fort sentiment
d'unité s'exprime à basse époque par le substantif Romania, *monde*
romain, par opposition à Barbaria *ou* Gothia. *Pour la même raison*
on appelle en général « roman commun » le parler **vulgaire** *destiné à*
donner naissance aux diverses langues romanes, dont la nôtre, – sans
préjudice, pour celle-ci, des apports dus soit au **substrat** *gaulois ou cel-*
tique (alouette, borne, bruyère, bouleau, chêne, if, druide, chemin, suie,
caillou, galet, ruche, mouton, crème : il subsisterait en français moderne
environ 150 mots courants dont l'étymologie est typiquement d'origine
gauloise ou celtique), soit au **superstrat** *germanique (par ex. les mots*
butin, effrayer, éperon, épieu, galoper, garder, gars, guerre, hache, haine :
plus de 1 000 mots) : les uns et les autres ne relèvent pas de notre étude.

Si, en effet, pour le moment nous ne prenons pas en compte les
innombrables emprunts savants faits par la suite à la langue latine
écrite, le latin qui, par évolution naturelle et différenciation selon les
aires linguistiques, a donné naissance aux langues romanes, appelées
aussi néo-latines, n'est pas la langue de culture relativement stable
pratiquée par les lettrés tout au long de l'époque classique, tardive et
durant le Moyen Âge, mais un latin parlé par les classes populaires,
soldats, commerçants et colons, comme le remarquait déjà P.-N. Bonamy,
Mémoires sur l'introduction de la langue latine dans les Gaules
sous la domination des Romains, *registres de l'Académie royale des*
inscriptions et belles-lettres, XXIV, 1756, p. 597 : « C'est du langage
vulgaire des provinces que se sont formées les langues Françoise, Espagnole
et Italienne, et non pas du Latin que nous lisons dans les ouvrages des
bons auteurs. » L'étude de ce latin « vulgaire » ou « populaire », sermo
uulgaris *ou* sermo plebeius *(les deux termes se trouvent chez Cicéron)*
relève encore de la juridiction des latinistes comme Veikko Väänänen
dans son Introduction au latin vulgaire, *Paris, 2ᵉ éd., 1967, p. 5)[1].*

---

1. Sur ce terme de « latin vulgaire » voir les réserves de P. Flobert,
    Grammaire comparée…, op. cit., p. IX et p. 427-441.

Mais ensuite, l'étude des conditions dans lesquelles s'est opérée la dislocation de la Romania *et la différenciation selon les régions des mots hérités du latin commun échappe aux historiens de la langue latine et incombe aux linguistes spécialistes de la philologie romane, appelée aussi romanistique, depuis Friedrich Diez, qui publie à Bonn en 1842 sa* Grammaire des langues romanes *et en 1854 son* Dictionnaire étymologique des langues romanes, *jusqu'à Michel Banniard,* Du latin aux langues romanes, *Paris, Nathan, 1997.*

Parmi ceux-ci, certains se sont spécialisés, à la suite de Walther von Wartburg, dans l'étude de l'évolution qui a conduit au français : phonéticiens qui définissent les lois commandant l'évolution de la prononciation du mot, lexicographes qui s'efforcent d'assigner une date (ancien ou moyen français) à l'apparition d'un mot dans la langue. C'est dans le sillage des premiers que nous écrivons la première partie de ce chapitre. Une deuxième partie, complémentaire, évaluera l'étendue de la dette contractée au cours des siècles par notre langue à l'égard du latin littéraire et savant.

▸ Frédéric Godefroy, *Dictionnaire de l'ancienne langue française et de tous ses dialectes...*, Paris, 1881.

▸ Walther von Wartburg, *Französisches etymologisches Wörterbuch*, 1922-2002 ; tr. fr. : *Dictionnaire étymologique de la langue française*, Paris, 2008.

▸ Adolf Tobler et Erhard Lommatzsch, *Altfranzösische Wörterbuch*, 1925-1995, consultable en ligne.

▸ *Dictionnaire étymologique de la langue française*, en ligne.

▸ Robert Martin (dir.), *Dictionnaire du moyen français, 1330-1500*, 6ᵉ version électronique, 2015.

▸ Takeschi Matsumura, *Dictionnaire du français médiéval*, Paris, 2015.

I

DU LATIN AU ROMAN,
À L'ANCIEN FRANÇAIS ET AU FRANÇAIS

1. DU LATIN VULGAIRE AU ROMAN COMMUN

Rappelons quelques-unes des caractéristiques du latin vulgaire, en sachant que cette langue, attestée par définition par un très petit nombre de textes (grammairiens, glossaires, auteurs tardifs, notamment chrétiens), est reconstruite en majeure partie a posteriori par l'étude comparée des langues romanes qu'elle a produites.

La première différence est d'ordre **lexical** : les mots usés, ou de peu de volume, sont sujets à reculer, voire à sombrer au profit d'autres plus vigoureux : le verbe classique simple *edere* (manger) restera ainsi sans descendance, ayant cédé la place au composé *comedere*, qui est à l'origine de l'espagnol *comer*, et à l'expressif *manducare* (à l'origine : mastiquer), qui, selon les lois phonétiques exposées plus loin, donnera le français « manger ». Ainsi :

Manducare (mastiquer)	employé pour **edere**	donne manger
Portare (transporter)	employé pour **ferre,** **gerere**	donne porter

Parabolare (parler par paraboles)	employé pour **loqui**	donne parler
Sapere (d'abord avoir du goût)	employé pour **scire**	donne savoir
Caballus (gaul. : canasson)	employé pour **equus**	donne cheval
Grandis (grand, gros, long)	employé pour **magnus**	donne grand
Tornare (façonner au tour)	employé pour **vertere**	donne tourner
Gamba (gr. : jarret des quadrupèdes)	employé pour **crus**	donne jambe
Bellus (diminutif de beau)	employé pour **pulcher**	donne beau
Focus (foyer)	employé pour **ignis**	donne feu
Testa (tesson)	employé pour **caput**	donne tête
Plorare (crier en pleurant)	employé pour **flere**	donne pleurer
Bucca (mâchoire)	employé pour **os**	donne bouche
Tripalium (outil de torture)	employé pour **labor**	donne travail

À la même propension à renforcer l'expressivité répond la substitution aux verbes simples de verbes itératifs intensifs ou de diminutifs :

C'est **cantare**, fréquentatif de *canere*, et non le verbe simple *canere* qui donnera chanter.

C'est **agnellus**, diminutif d'*agnus*, et non *agnus* qui donnera agneau.

C'est **auricula**, diminutif de *auris*, et non *auris* qui donnera oreille.

Innombrables par ailleurs sont les déplacements de sens :

Auarus (sens classique : cupide) donnera avare.

Campus (sens classique : plaine) donnera champ.

Clarus (sens classique : brillant, illustre) donnera clair.

Comes (sens classique : compagnon) donnera comte.

Crimen (sens classique : accusation, chef d'accusation) donnera crime.

Dolus (sens classique : ruse) donnera dol et deuil.

Ferus (sens classique : sauvage) donnera fier.

Gentes (sens classique : nations), à travers l'adjectif gentilis, désignera les gentils (les païens).

Laborare (sens classique : travailler) se spécialisera en labourer.

Paganus (sens classique : paysan) donnera païen.

Pecus (sens classique : le troupeau) donnera pécore.

Plaga (sens classique : coup) donnera plaie.

Vlcus, -eris (sens classique : plaie) donnera ulcère.

Plus graves et affectant la totalité des mots usuels, qu'ils appartiennent à la langue cultivée ou vulgaire, sont les évolutions **morphologiques** :

– Réduction du système flexionnel d'abord à deux cas, nominatif et accusatif, puis au seul accusatif : sg. *murum,* pl. *muros* : mur, murs.

– Altération, par réduction des anomalies, du système nominal : le nom *caput* devient **capum* (sur le modèle des noms neutres les plus nombreux, *antrum, centrum,* etc.), forme non attestée mais supposée parce qu'elle donnera l'italien *capo,* le français « chef ».

– Altération analogue du système verbal : l'infinitif *posse* cède la place à *potere,* forme barbare qui donnera le français « pouvoir », le déponent *moritur* est remplacé par l'actif *morit* (il meurt).

Plus graves encore, les transformations **phoniques** :
– Effacement rapide du *m* final (*murum > muru*).
– Perte du sentiment de la quantité opposant étymologiquement voyelles brèves et voyelles longues.

– Transformation de l'accent de hauteur en accent d'intensité, et ses conséquences : il entraîne l'allongement de la voyelle accentuée et inversement l'abrègement voire l'amuïssement des voyelles non accentuées. Un mot comme *masculus*, accentué sur la première syllabe, devient *masclus*, qui donnera le français « mâle ». L'*Appendix Probi*, rédigé aux alentours du VIIe siècle, anonyme mais ainsi nommé parce qu'il se lit à la fin d'un palimpseste contenant l'œuvre de ce grand grammairien de l'époque néronienne, dénonce ces fautes contre l'usage : il faut dire « *calida non calda* », « *tabula non tabla* », « *oculus non oclus* », etc. Cet amuïssement de la voyelle post-tonique est ancien et remonte au Ier siècle ; celui de la voyelle prétonique non initiale (*bonitatem > bontate*, d'où *bonté*) est un peu plus tardif (IVe siècle).

2. DU ROMAN COMMUN AU FRANÇAIS

Toutes ces évolutions affectent la totalité de la *Romania*. D'autres, qui intéressent le traitement des voyelles et les consonnes, varient selon les aires linguistiques.

Nocte(m)	fr. nuit	it. *notte*	esp. *noche*
Cal(i)du(m)	fr. chaud	it. *caldo*	esp. *calido*
Oculu(m)	fr. œil	it. *occhio*	esp. *ojo*

Les tableaux qui suivent visent à mettre en évidence le fait que l'évolution qui a conduit le mot latin vers le mot français en passant par l'ancien français s'est faite selon des lois, des règles qu'il est possible de reconstruire, qu'il s'agisse du glissement du latin *tempus* vers le français

« temps », où la filiation est transparente, ou de la transformation, loin d'être aussi claire, de *diurnum* en « jour ». L'établissement de ces règles est le fruit de la **phonétique historique** du français.

> ▸ Édouard Bourciez, *Précis historique de phonétique française*, Paris, 1889, 9ᵉ éd. revue par Jean Bourciez, 1958.
>
> ▸ Annick Englebert, *Introduction à la phonétique historique du français*, Paris, 2009.
>
> ▸ Gaston Zink, *Phonétique historique du français*, Paris, 2013.

Évolution des voyelles

Plusieurs choses qu'il faut savoir pour lire les tableaux suivants :

Le timbre

La notion de timbre a remplacé peu à peu celle de quantité. Les voyelles ne sont plus longues ou brèves, mais ouvertes ou fermées. C'est ainsi que *e* long, mais aussi *i* bref ainsi que la diphtongue *oe* se confondent en *e* fermé, tandis que *e* bref et la diphtongue *ae* donnent *e* ouvert ; de même *o* long et *u* bref se confondent en *o* fermé, tandis que *o* bref donne *o* ouvert. Les voyelles *a*, *i* et *u* long ne sont pas affectées.

e long, *i* bref, *oe*	> *e* fermé
e bref, *ae*	> *e* ouvert
o long, *u* bref	> *o* fermé
o bref	> *o* ouvert

D'importants changements phonétiques se produisent selon que les voyelles sont ouvertes ou fermées.

Voyelles libres et entravées

La voyelle est **libre** quand elle est suivie d'une seule consonne :
mare, ou de deux consonnes dont la seconde est *r* ou *l* : *patre*, ou
enfin d'une voyelle : *mea*.

La voyelle est **entravée** quand elle est suivie de deux ou plusieurs
consonnes : *dormio*.

En général l'entrave, qu'elle soit latine (*arma, angulu*) ou romane
(*anma, dubtare*, par contraction de *anima, dubitare*) a une action
conservatrice et la voyelle ne change pas.

Accent

Alors que les voyelles non accentuées ou se conservent ou
disparaissent, les voyelles accentuées ou se conservent ou subissent
des modifications comme la diphtongaison.

Le yod

Le latin n'a d'abord qu'une semi-consonne *i/y* correspondant au
yod ; avec le temps se transformeront en yod d'une part les voyelles
e en hiatus (*uinea > uinia* : cf. inscription de Pompei : *Quisquis
amat ualia(t)*, correspondant à lat. class. *Quisquis amat ualeat*),
d'autre part les palatales, lorsque, placées après une voyelle, elles
forment avec elle une diphtongue dont le second élément est un
yod (*facere > faire*).

N.B. Dans le tableau qui suit, la forme du mot latin d'origine,
pour les substantifs et les adjectifs, est celle de l'accusatif
amputé de la consonne finale (*patre* pour *patrem*, *manu*
pour *manum*).

A accentué

Libre, il devient *é* ou *è* :

è : *mare* > mer ; *tale* > tel ; *patre* > père ; *labra* > lèvre

é : *pratu* > pré ; *bonitate* > bonté ; *cantare* > chanter ; *nasu* > nez ; *claue* > clef

Devant une double consonne, il se maintient : *arbore* > arbre ; *quartu* > quart ; *carru* > char ; *caballu* > cheval ; *tab(u)la* > table

Devant un *l*, il devient *au* par vocalisation de la labiale : *alba* (litt. blanche) > aube ; *saluu* > sauf ; *cal(i)du* > chaud ; *alteru* > autre

Suivi d'un yod il devient *ai* : *facere* > faire ; *pace* > paix ; *plaga* (litt. coup) > plaie ; *bacca* > baie ; *maiore* (litt. plus grand) > maire ; *pascere* > paître

Précédé et suivi d'un yod, il devient *i* : *iacet* > gît

Suivi d'une nasale, il devient *ai* : *amat* > aime ; *lana* > laine ; *uana* > vaine ; *germana* > germaine ; *fame* > faim ; *pane* > pain ; *manu* > main

Suivi de nasale + consonne, il se conserve : *annu* > an ; *campu* (litt. plaine) > champ ; *grande* > grand ; *planta* > plante ; *tantu* > tant

E et O accentués

− *e* ouvert

Libre, il se diphtongue : *heri* > hier ; *feru* (litt. sauvage) > fier ; *mel* > miel ; *petra* > pierre ; *lepore* > lièvre ; *febre* > fièvre ; *breue* > bref ; *pede* > pied ; *sedet* > sied

Suivi d'une double consonne, il se conserve : *ferru* > fer ; *perdere* > perdre ; *herba* > herbe ; *cervu* > cerf ; *sella* > selle ; *bella* > belle ; *septem* > sept ; *testa* > tête

Suivi d'un double *l*, il donne eau : *bellu* (litt. joli) > beau ; *pelle* > peau ; *castellu* > château ; *porcellu* > pourceau

Avec yod, il devient *i* ou *iè* : *pretiu* > prix ; *sex* > six ; *decem* > dix ; *lectu* > lit ; *despectu* (litt. mépris) > dépit ; *peior* > pire ; *peius*

> pis ; *mediu* > mi ; *negat* > nie ; *legere* > lire ; *tertiu* > tiers ; *neptia*
> nièce ; *integer* > entier

Suivi d'une nasale, il se diphtongue : *rem* > rien ; *bene* > bien ;
uenit > vient ; *tenet* > tient

Suivi de nasale + consonne, il se maintient : *tempus* > temps ;
uentu > vent ; *sentit* > sent ; *tormentu* > tourment ; *pendere* >
pendre ; *tendere* > tendre

— *e* fermé, *i* bref
— *e* fermé et *i* bref accentués deviennent *oi* : *me* > moi ; *tela*
> toile ; *seru* > soir ; *habere* > avoir ; *seta* > soie ; *praeda* > proie ;
credere > croire ; *crescere* > croître ; *tres* > trois ; *mense* > mois ;

uia > voie ; *pilu* > poil ; *pira* > poire ; *piper* > poivre ; *fide* > foi

i bref suivi d'une double consonne devient *e* ouvert : *uirga* >
verge ; *illa* > elle ; *littera* > lettre ; *mittere* > mettre ; *crista* > crête ;
arista > arête

i bref suivi de deux *l* donne *eux* : *illos* > eux ; *capillos* > cheveux

Avec un yod, il donne *eil* : *consiliu* > conseil ; *somniculu* (diminutif de *somnus*) > sommeil ; *uigilat* > il veille ; *auricula* (diminutif
de *auris*) > oreille

i long accentué se maintient : *uenire* > venir ; *ira* > ire ; *filu* >
fil ; *nidu* > nid ; *risu* > ris ; *ripa* > rive ; *libra* > livre ; *uiuu* > vif ;
mica > mie ; *suspiriu* > soupir ; *amicu* > ami ; *dicere* > dire ; *filia* >
fille ; *mille* > mille ; *uilla* > ville

O et U accentués

o ouvert accentué devient *eu* ou *œu* : *cor* > cœur ; *soror* > sœur ;
mola > meule ; *gladiolu* (litt. petit glaive) > glaieul ; *fliolu* > filleul ; *boue*
> bœuf ; *nouu* > neuf ; *proba* > preuve ; *opera* > œuvre ; *mouet* > meut

Entravé par une double consonne, il se maintient : *porta* >
porte ; *morte* > mort ; *dormit* > il dort

Suivi de *l*, il devient *ou* : *collu* > cou ; *molere* > moudre

Suivi d'un yod, il se diphtongue : *coriu* > cuir ; *hodie* > hui ; *ostrea* > huître ; *nocte* > nuit ; *octo* > huit ; *coxa* > cuisse ; *nocet* > nuit

o fermé accentué et *u* bref deviennent *eu* : *flore* > fleur ; *hora* > heure ; *sapore* > saveur ; *mores* > mœurs ; *solu* > seul

o et *u* entravés deviennent *ou* : *corte* > cour ; *constat* > coûte ; *turra* > tour ; *ursu* > ours ; *curtu* > court ; *surdu* > sourd ; *bulla* (litt. bulle) > boule ; *bucca* > bouche ; *crusta* > croûte ; *cubitu* > coude ; *auscultat* > il écoute ; *ultra* > outre ; *puluere* > poudre

o avec yod donne *oi* : *uoce* > voix ; *cruce* > croix

u accentué libre est conservé : *muru* > mur ; *mula* > mule ; *uirtute* > vertu ; *nudu* > nu

u avec yod se diphtongue en *ui* : *fructu* > fruit ; *luces* > luis ; *conducere* > conduire ; *buxu* > buis

AU

Au accentué devient *o* : *aurum* > or ; *thesauru* > trésor ; *claudere* > clore ; *parabola* > *paraula* > parole

Au avec yod devient *oi* : *gaudia* > joie ; *nausea* > noise

Évolution des consonnes

ca > *ch* : *cane* > chien ; *caballu* > cheval ; *cantare* > chanter ; *causa* > chose ; *carme* > charme ; *caru* > cher ; *capillu* > cheveu ; *castellu* > château ; *catena* > chaîne ; *arca* > arche ; *furca* > fourche ; *marcatu* > marché ; *bucca* > bouche

l > *u* : *talpa* > taupe ; *malua* > mauve ; *alba* > aube ; *falsu* > faux ; *caldu* > chaud ; *saltu* > saut ; *salsa* > sauce ; *alter* > autre ; *saluu* > sauf

Affaiblissement : alors qu'à l'initiale en général elles se maintiennent, les consonnes entre deux voyelles s'affaiblissent, les palatales, dentales et labiales sourdes (*q, t, p*) deviennent sonores (*g, d, b*) ou disparaissent, la labiale sonore *b* s'affaiblit en fricative sonore *v*.

q > g : *aequale* > égal

t > v : *potere* > pouvoir

p > b > v : *(h)abere* > avoir ; *debere* > devoir ; *libru* > livre ; *opera* > œuvre ; *ripa* > rive ; *sapere* > savoir ; *paupere* > pauvre ; *nepote* > neveu*gere > dre* : *stringere* > étreindre ; *cingere* > ceindre ; *pingere* > peindre ; *tingere* > teindre ; *fingere* > feindre ; *infringere* > enfreindre ; *extinguere* > éteindre ; *attingere* > atteindre

Renforcement en fin de mot : *v > f* : *boue* > bœuf ; *nouu, noue* > neuf ; *breue* > bref ; *naue* > nef ; *claue* > clé ; *ouu* > œuf

Amuïssement : les linguistes appellent amuïssement l'atténuation ou, le plus souvent, la disparition complète d'un phonème ou d'une syllabe dans un mot :

v disparaît : *uouere* > vouer

Autres disparitions : *uita* > vie ; *sudare* > suer ; *mutare* > muer ; *fidere* > fier

Prosthèse de *e-, es-* : on appelle prosthèse l'adjonction au début d'un mot destinée seulement à faciliter la prononciation. Littré : « C'est par une prosthèse que la langue française a fait *espérer* du latin *sperare*. » Autres exemples : *specie* > espèce ; *studiu* > étude ; *spatiu* > espace ; *scutu* > écu ; *spicu* > épi ; *stabulu* > étable ; *scala* > échelle ; *schola* > école ; *sponsa* > épouse ; *spongia* > éponge - Épenthèse : c'est l'intercalation à l'intérieur d'un mot d'une lettre qui facilite l'articulation, par exemple le *b* dans *numerus* > nombre ; *ponere* > pondre

Yod (produit d'une palatalisation) : *oculu* > œil ; *facere* > faire ; *pace* > paix ; *fructu* : fruit ; *factu* > fait ; *tectu* > toit ; *lectu* > lit ; *trahere* (litt. tirer) > traire ; *tacere* > taire ; *pretiu* > prix ; *uetulu, ueclu* > vieil ; *legem* > loi ; *rege* > roi ; *pugnu* > poing ; *punctu* > point ; *regina* > reine ; *fastigiu* > faîte ; *acutu* > aigu ; *aqua* > *aigue*, eau ; *fraga* > fraise ; *lacte* > lait ; *plaga* > plaie ; *fuga* > fuite ; *secta* > suite ; *coctu* > cuit ; *nocte* > nuit ; *buxeu* > buis ; *tegula* > tuile ; *sanctu* > saint ; *digitu* > doigt ; *nigru* > noir

> ► Rosita Jonušaité, *L'Évolution des diphtongues dans la langue française*, mémoire de master, Université pédagogique de Vilnius, 2010.

Assimilation : *somnu* > somme ; *columna* > colonne ; *homine* > homme ; *femina* > femme

Dissimilation : *ne* > *gne* : *uinea* > vigne

Remarque : L'évolution qui aboutit à la langue d'aujourd'hui se poursuit encore au XVIIe et XVIIIe siècles : cf. Vaugelas, *Remarques sur la langue française* (1647), à propos des formes issues du latin classique : « *prehenderunt* > *print, prindrent, prinrent* : tous trois ne valent rien. Ils ont été bons autrefois et monsieur de Malherbe en use toujours : *Et d'elle prindrent le flambeau dont ils désolèrent leur terre*, etc. Mais aujourd'hui l'on dit seulement *prit* et *prirent*, qui est plus doux. »

De même, et bien que que le *s* devant consonne se soit amuï dans la prononciation depuis le XIe siècle, entraînant un allongement compensatoire de la voyelle, il faut attendre le XVIIIe siècle (édition du *Dictionnaire de l'Académie* de 1740) pour que la graphie enregistre cette disparition, qui sera marquée par un signe diacritique, l'accent circonflexe : *asperu* > *aspre* > âpre ; *epistola* > *epistre* > épître ; *insula* > *isle* > île ; *honestu* > *honneste* > honnête ; *hospite* > *hoste* > hôte ; *testa* > *teste* > tête ; *bestia* > *beste* > bête ; *uestire* > *vestir* > vêtir ; *asinu* > *asne* > âne ; *uesper* (litt. le soir) > *vespres* > vêpres.

II

RELATINISATION DE LA LANGUE FRANÇAISE

Si une grande partie du vocabulaire français est issu, comme on l'a vu, du latin oral et populaire par suite d'une évolution phonétique lente qui a éloigné le mot de son étymon, une autre partie (relevant en général des domaines techniques et littéraires) a été directement transposée, à peine modifiée, du latin classique (le même adjectif *regalis*, francisé, devient *régalien*). Si l'on ne peut pas toujours dater avec certitude l'apparition du mot populaire, on peut en général dater celle du mot savant : un grand nombre de ces mots savants ou plutôt d'origine savante a été introduit à la Renaissance, époque à propos de laquelle on a pu parler d'une « relatinisation » de la langue française, mais le phénomène est de tous les temps. Ces réfections tardives se répartissent en plusieurs groupes.

1. LES DOUBLETS

On donne ce nom à des mots qui, tirés du même mot latin que le mot de formation populaire et appartenant à la même classe morphologique, introduisent une nuance de sens qui en font autant de mots nouveaux. Plusieurs cas de figures :

Le mot populaire s'est éloigné du sens classique que le mot savant restitue : *causa*, chose, cause ; *secta*, suite, secte.

Le mot populaire a gardé le sens d'origine, le mot savant lui confère une acception nouvelle : *uitrum,* verre, vitre ; *uotum,* vœu, vote.

L'un et l'autre expriment une des valeurs du mot origine : *fragilis,* frêle, fragile.

> ▸ Jules Marouzeau, *Du latin au français*, Paris, 1957, p. 19-21 :
> « Les doublets ».

Substantifs

Asperitatem (aspérité) évolution phonétique normale :	âpreté	réfection : aspérité
Auriculam (petite oreille)	oreille	auricule
Calamum (roseau, roseau à écrire, flûte)	chaume	calame
Campum (plaine)	champ	camp
Causam (cause, raison, procès)	chose	cause
Cubitum (coude)	coude	cubitus
Culturam (culture)	couture	culture
Examen (essaim d'abeilles, aiguille d'une balance)	essaim	examen
Faciem (visage)	face	faciès
Nauem (navire)	nef	navire
Palmam (paume, palme)	paume	palme
Redemptionem (rachat)	rançon	rédemption
Sectam (ligne de conduite, secte, école)	suite	secte
Signum (signe, statue)	seing	signe
Securitatem (sûreté, sécurité)	sûreté	sécurité

Suspicionem (soupçon)	soupçon	suspicion
Vigilium (veille)	veille	vigile
Vitrum (verre)	verre	vitre
Votum (vœu)	vœu	vote

Adjectifs et participes

Absolutum (achevé, absolu)	absous	absolu
Acrem (acéré, âpre, vif, ardent)	aigre	âcre
Capitalem (capital, mortel)	cheptel	capital
Captiuum (captif)	chétif	captif
Dextram (à droite, adroite, propice ; la main droite)	droite	dextre
Directum (droit, direct)	droit	direct
Fragilem (fragile, frêle)	frêle	fragile
Frigidum (froid)	froid	frigide
Grauem (lourd, de poids, digne, imposant, accablant)	grief	grave
Gracilem (maigre, chétif)	grêle	gracile
Insigne, insignem (subst. marque distinctive, insigne)	enseigne	insigne
Integrum (intact, entier, intègre)	entier	intègre
Maiorem (plus grand)	maire	major
Mobilem (mobile)	meuble	mobile
Natiuum (inné, naturel)	naïf	natif
Quietum (tranquille)	coi	quiet
Rigidum (raide, dur, sévère)	raide	rigide
Strictum (serré, concis, sévère)	étroit	strict
Volatilem (qui vole, rapide, éphémère)	volaille	volatil

Verbes

Colligere (recueillir, rassem-   cueillir   colliger
    bler, conclure)
Gemere (gémir)   geindre   gémir
Liberare (délivrer)   livrer   libérer
Inducere (conduire vers,   enduire   induction
    appliquer sur, amener à)
Mutare (changer)   muer   muter
Operari (travailler)   œuvrer   opérer
Pensare (peser, apprécier,   peser   penser
    compenser)
Surgere (se lever, s'élever)   sourdre   surgir

Avec changement de classe morphologique

Augustum (saint, vénérable ;   août   auguste
    le mois d'août)
Diurnum (de jour)   jour   diurne
Natalem (natal)   noël   natal
Solidum (adj. compact,   sou   solide
    complet, solide ; subst. :
    sou d'or)

2. MOTS SIMPLES D'ORIGINE POPULAIRE, DÉRIVÉS D'ORIGINE SAVANTE

Dans une autre série de dérivations, mot populaire et mot savant relèvent de classes différentes, le second fournissant au premier un dérivé de formation savante : voici 71 mots, quelques-uns formés par un processus original de dérivation sur le mot thème.

Carbonem > charbon, mais carboniser

Cinerem > cendre, mais incinérer

Clauem > clef, mais désenclaver

Crustam > croûte, mais incrustation (*incrustatio*)

Dorsum > dos, mais dorsal

Famem > faim, mais affamer

Febrem > fièvre, mais fébrile

Fratrem > frère, mais fraterniser

Manum > main, mais manipuler

Nasum > nez, mais nasillard

Nepotem > neveu, mais népotisme

Noctem > nuit, mais noctambule

Peiorem > pire, mais péjoratif

Puluerem > poudre, mais pulvériser

La plupart sont calqués directement ou formés à l'instar du dérivé latin :

Acutum > aigu, mais acuité (*acuitas*)

Aestatem > été, mais estival (*aestiualis*)

Alacrem > allègre, qui donne allégresse, mais alacrité (*alacritas*)

Animam > âme, mais animer (*animare*)

Aquilam > aigle, mais aquilin (*aquilinus*)

Aurum > or, mais aurifère (*aurifer*)

Bestiam > bête, mais bestialité (*bestialis*)

Cadere > choir, mais accident (*accido, accidens*), incident (*incido, incidens*), incidemment

Calorem > chaleur, mais calorifique (*calorificus*)

Canem > chien, mais canin, canine, canicule (*caninus, canicula*)

Caput > chef, mais capital (*capitalis*, qui entraîne la mort, fatal, mais aussi principal)

Carnem > chair, mais incarner, incarnation (*incarno, incarnatio*)

Catenam > chaîne, mais concaténation (*concatenatio*)

Circulum > cercle, mais circulaire (*circularis*)

Clauem > clef, mais, clavette, clavicule (*clauicula*), désenclaver

Corium > cuir, mais coriace (*coriaceus*)

Crepo > crever, mais crépiter (*crepitare*), décrépit (*decrepitus*, qui a cessé de crépiter), crécelle

Crucem > croix, mais crucifier (*crucifico, crucifigo*)

Digitum > doigt, mais digitaliser (*digitalis*, de la grosseur d'un doigt)

Famem > faim, mais famélique (*famelicus*)

Feminam > femme, mais efféminé (*effeminatus*)

Fidem > foi, mais fidèle, fidélité (*fidelis, fidelitas*)

Florem > fleur, mais déflorer, défloration (*defloro, defloratio*)

Frigus, oris > froid, mais frigide (*frigidus*)

Genus, -eris > genre, mais indigène (*indigena*)

Insulam > île, mais insulaire (*insularis*), insularité

Iuuenem > jeune, mais juvénile (*juvenilis*)

Lactem > lait, mais lactose (*lactosus*)

Laudare > louer, mais laudateur (*laudator*)

Leonem > lion, mais léonin (*leoninus*)

Lineam > ligne, mais délinéation (*delineatio*)

Locum > lieu, mais local, localiser (*localis*)

Magistrum > maître, mais magistral, magistère (*magistralis*)

Mare > mer, mais maritime (*maritimus*)

Maculam > maille, mais immaculé (*immaculatus*)

Maturum > mûr, mais maturité (*maturitas*)

Mel > miel, mais mellification (*mellificare*)

Meliorem > meilleur, mais améliorer (*meliorare*)

Mensem > mois, mais mensuel, mensualisation (*mensualis*)

Mores > mœurs, mais moralité (*moralitas*, caractère et aussi rectitude)

Nauem > nef, mais navire, naviguer, navigation (*navigare, navigatio*)

Negare > lier, mais négation, négatif (*negatio, negativus*)

Nocere > nuire, mais innocent, innocence (*innocens, innocentia*)

Nodum > nœud, mais nodosité (*nodosus, nodositas*)

Nouum > neuf, mais innover (*innovare*)

Nucem > noix, mais énucléer (*enucleare*, dénoyauter, examiner à fond)

Operam > œuvre, mais opérer, opérateur (*operari, operator*)

Oculum > œil, mais oculaire, queue ocellée (diminutif *ocellus*, part. *ocellatus*)

Pedem > pied, mais pédestre (*pedestris*)

Peregrinum > pélerin, mais pérégrination (*peregrinari*)

Pondus > poids, mais pondérer, pondération (*ponderare*, peser, estimer ; *ponderatio*, marque de pesage)

Populum > peuple, mais populaire (*popularis*), population (cf. *populatio*, mais celui-ci a le sens de : action de ravager, butin, dépouilles)

Praedam > proie, mais prédateur (*praedator*)

Pretium > prix, mais précieux (*pretiosus*) ; cette forme serait aussi populaire.

Rationem > raison, mais rationnel (*rationalis*), rationalité

Regem > roi, mais régicide (*regicida*)

Securum > sûr, mais sécurité (*securitas*), sécuriser

Sinum > sein, mais sinueux (*sinuosus*), sinuosité

Somnum > somme (sommeil), mais insomnie (*insomnium*, songe, et au pl. *insomnia*, insomnie)

Stellam > étoile, mais constellation (*constellatio*, position des astres), consteller

Tectum > toit, mais protéger, protection (*protegere, protectum* ; *protectio* rare)

Vetus > vieux, mais vétuste (*vetustus*)

Vigilare > veiller, mais vigile (*vigil*)

Virginem > vierge, mais virginal (*virginalis*)

Vicinum > voisin, mais vicinal (*vicinalis*)

3. QUAND LE MOT SIMPLE NE SURVIT QU'À TRAVERS LE DÉRIVÉ SAVANT

Dernier cas : celui où le mot latin simple est resté sans descendance directe dans la langue populaire comme dans la langue savante, tandis que ses dérivés ou composés sont adoptés (et quand ils ne sont pas attestés, suppléés) par la langue savante, parfois avec un changement de sens, que nous signalons. Voici 160 mots, dont la mémorisation sera grandement facilitée par le sentiment de la relation qu'ils dévoilent avec le ou les dérivés français.

Aedes (sg. temple, pl. maison) : édifier (*aedifico*), édile (*aedilis*), édicule

Aequus (égal) : équité (*aequitas*)

Aeuus ou **aeuum** (durée, âge) : longévité (*longaeuus, longaeuitas*)

Ager (champ) : agriculture (*agricultura*)

Albus (blanc) : albâtre (*albaster, alabaster,* gr. ἀλάβαστρος)

Alo, -ere (nourrir) : aliment (*alimentum*)

Alius (autre) : aliéné (*alienus,* qui signifie : d'autrui, étranger)

Apis (abeille) : apiculture (créé sur agriculture)

Ardeo, -ere (brûler) : ardent, ardeur (*ardens, ardor*)

Ater (noir) : atrabilaire (*atra bilis,* la bile noire)

Auxilium (aide) : auxiliaire (*auxiliaris* et *auxiliarius*)

Auis (oiseau) : avion. Le mot est créé par Clément Ader. Apollinaire, qui célèbre « Ader l'aérien » et cette invention poétique destinée à effacer le mot « aéroplane » forgé, déplore-t-il, par les grammairiens, écrit à ce sujet : « Il fallait un murmure et la voix d'Ariel / Pour nommer l'instrument qui nous emporte au ciel. »

Bellum (guerre) : belliqueux, belliciste, belligérant (*bellicus, bellicosus, belligerator*), rebelle, rébellion (*rebellis, rebellio*). Le mot latin résiste dans *casus belli.*

Caedo, -ere (tailler, tuer) : homicide (*homicida*), parricide (*parricida*),

Capio, -ere (prendre) : captation, captif (*captivus*), captivité (*captiuitas*)

Carcer (prison) : carcéral (*carceralis*), incarcérer (*incarcero*), désincarcérer

Celer (rapide) : célérité (*celeritas*), accélérer, accélération (*accelero, acceleratio*), décélérer

Ceruix (la nuque) : cervical

Cliuus (pente) : incliner, décliner, déclivité (*inclino, declino, decliuitas*)

Coepi, -ere (commencer) : incipit (adopté du latin *incipit*)

Condio, ire (assaisonner) : condiment (*condimentum*)

Coquo, -ere (cuire, mûrir) : précoce (*praecox*), décoction, abricot

Cras (demain) : procrastination (*procrastinatio*)

Cruor (sang) : recrudescent (*crudus* : saignant, cru, vert ; *recrudescens* : qui a recommencé de saigner)

Crus (jambe) : crural (*cruralis*)

Culpa (faute) : culpabilité (*culpabilis*), inculper, disculper (*inculpo, disculpo*)

Cuna (berceau) : incunable (livre remontant au berceau de l'imprimerie : lat. pl. *incunabula,-orum*, berceau, origine)

Cupio, -ere (désirer) : cupide, Cupidon, concupiscence (*cupidus, Cupido, concupiscentia*)

Deficio, -ere (manquer) : défection (*defectio*, désertion, défaillance)

Domus (maison) : domicile (*domicilium*)

Dominus (maître) : dominer, domination (*dominor, dominatio*)

Dux (chef) : conduire, aqueduc, ductile (*conduco*, rassembler, contribuer à ; *aquaeductus, ductilis*)

Edo, -ere (faire sortir) : éditeur, édition (*editor, editio*)

Edo, -ere (manger) : comestible (*comestibilis*)

Egeo, -ere (avoir besoin) : indigence (*indigentia*), exigence (*exigentia*)

Emo, -ere (acheter) : préemption (*praeemptio*), exemption (*eximo, exemptio*)

Equus (cheval, remplacé en ce sens par *caballus*) : équestre (*equestris*), équitation (v. *equitare*)

Faber (ouvrier) : fabrique (*fabrica*)

Fanum (temple) : profane, profaner, fanatique (*profanus, profano, fanaticus*)

Fastidium (dégoût, ennui) : fastidieux (*fastidiosus*)

Fateor, -eri (avouer) : confession, confesser (*confessio, confiteor*)

Faueo, -ere (soutenir) : favoriser (*favor, fauorabilis*)

Felix (heureux) : félicité (*felicitas*), féliciter (lat. *felicito*, mais avec le sens de rendre heureux)

Fero, ferre (porter) : différer, inférer, conférer (*diferre*, etc.), mortifère (*mortifer*)

Fluere (couler) : affluent, fluide (*affluens, fluidus*), fluvial (*fluvialis*)

Foedus (pacte) : fédération, fédérer (*foederatio, foederare*)

Formido (crainte) : formidable (*formidabilis*)

Foueo, -ere (réchauffer, favoriser) : fomenter (*fomentare*)

Frango, -ere (briser) : fracture, fragile, fragment (*fractura, fragilis, fragmentum*), fracasser, fracas

Frio, -are (concasser, broyer) : friable (*friabilis*)

Frons (feuillage) : frondaison (*frondatio*, mais avec le sens d'action d'émonder : *frondator*, l'émondeur)

Fungor, -i (s'acquitter de) : fonction (*functio*), défunt (celui qui s'est acquitté de la vie, *uita defunctus*)

Fur, furtum (voleur, vol) : furtif (*furtiuus*)

Grex (le troupeau) : grégaire, agréger, congrégation (*gregarius*, etc.)

Guttur (gorge, gosier) : guttural

Hortus (jardin) : horticole, horticulture, ce dernier mot formé comme agriculture (*horticola*, le jardinier)

Humus (le sol) : humilité, humble (*humilis*)

Inanis (vide, vain) : inanité, inanition (*inanitas, inanitio*)

Initium (début) : initial (*initialis*), d'où initiative (fait sur *initio*, commencer)

Insidiae (piège) : insidieux (*insidiosus*)

Insto, -are (être imminent) : instamment (*instanter* ?)

Ira (colère) : le mot français « ire » en ce sens est désuet ; reste irascible (*irascibilis*) ; n.p.c. avec irriter, de *irritare*, d'étymologie obscure, qui signifie provoquer, exciter, d'où irriter.

Iter (chemin, trajet) : itinérant, -aire (*itinerans, itinerarius*)

Iuuo, -are (aider) : adjuvant (*adiuvo*)

Ius, juris (le droit) : justice (*iustitia*), juridiction, jurisconsulte, jurisprudence (*iurisdictio, iusrisconsultus, iurisprudentia*), juste, jurer

Labor, -i (couler) : labile (*labilis*)

Laedo, -ere (blesser) : lésion (*laesio*, blessure, dommage)

Lapis (pierre) : lapicide (*lapicida*)

Lateo, -ere (se cacher) : latent (part. *latens*)

Latus (flanc, côté) : latéral (*lateralis*)

Lego, -ere (recueillir, ramasser) : collecte, collège, collègue, collection (*collecta, collegium, collega, collectio*)

Lenis (doux) : lénifiant (*lenificus*)

Letum (mort) : létal (*letalis*)

Limen (seuil) : éliminer (*eliminare*, faire sortir, chasser : cf. *limen*, le seuil)

Lis (procès) : litige (*litigium*)

Loquor, -i (parler) : locuteur, locution (*locutor, locutio*)

Ludus (jeu) : allusion, illusion (*allusio, illusio*), ludique

Lux (lumière) : illustre, illustrer (*illustris, illustrare*)

Magnus (grand) : magnifique, magnificence, magnanime, magnitude (*magnificus, magnificentia, magnanimus, magnitudo*)

Mando, -are (manger) : mandibule (*mandibula*)

Manere (rester) : rémanence (*remaneo*), permanence (*permanentia*)

Mendum et **menda** (faute) : émender (*emendo*), amender

Mens (pensée, intelligence) : dément, démence (*demens, dementia*)

Merx (marchandise), **merces** (récompense) : commerce, mercenaire (*mercenarius miles*, soldat) ; milice, militer (*militia*, service militaire, chrét. la milice des anges ; *milito* faire son service, servir)

Metus (crainte) : méticuleux (*meticulosus*)

Minae (saillie, surplomb d'un rocher, puis menace) : éminent (*eminens*), imminent (*imminens*), comminatoire (*comminor*, menacer, *comminatio, comminanter*)

Mirus (étonnant) : miracle, admirer, admiration (*miraculum, admiror, admiratio*)

Miser (malheureux) : misère (*miseria*), misérable (*miserabilis*, avec le sens de digne de pitié), miséricordieux, miséricorde (*misericors, misericordia* ; cf. *misereo et misereor*, prendre en pitié, *me miseret*, j'ai pitié de, et *cor*, le cœur)

Mitis (doux) : mitigé (*mitigatus*, adouci, amolli, part. de *mitigo*)

Moneo, -ere (avertir, conseiller) : pré-/admonition, moniteur (*admoneo, monitor*)

Mora (retard) : demeurer (*demoro*), moratoire

Morbus (maladie) : morbide (*morbidus*)

Mulceo (traire, adoucir) : émulsion (sup. *mulsum*)

Mundus (propre) : immonde, immondice (*immundus, immunditiae*), émonder

Mus (souris) : musaraigne (*mus araneus*) ; muscle (le muscle se meut comme une petite souris sous la peau), peut-être populaire (de *musculus*), à côté de musculaire, savant ; moule

Nauta (matelot) : nautique (*nauticus*)

Odi, -ire (haïr) : odieux (*odiosus*, désagréable, déplaisant)

Omnis (tout, chaque) : omnipotent (*omnipotens*), omniscient, omniprésent, etc.

Onus (poids) : onéreux (*onerosus*), exonérer (*exonerare*)

Ops (abondance) : opulent (*opulentus*)

Opus (ouvrage) : opuscule (*opusculum*)

Orbis (cercle, monde) : orbite, exorbitant (*orbita, exorbito*, dévier, s'écarter de)

Orior, -iri (naître) : orient (*oriens*), origine (*origo*)

Oro, -are (prier, adorer ; plaider), **exoro, -are** (obtenir par des prières) : adorer (*adorare*), inexorable (*inexorabilis*), orateur, péroraison (*orator, peroratio*)

Os (la bouche, le visage) : osciller. Les *oscilla* étaient de petits masques de Bacchus qu'on suspendait aux branches des vignes et qui, se balançant et virevoltant au gré des vents, effrayaient les oiseaux et portaient sur la récolte le regard favorable du dieu.

Otium (loisir) : négoce (*negotium*, occupation, travail, affaire), oiseux, oisif (*otiosus*)

Pagus (borne, puis territoire, bourg, d'où fr. pays) : païen (*paganus* : l'ancienne religion s'est longtemps maintenue dans les campagnes ; le mot paysan vient de *pagensis*).

Palus (poteau) : pal, palissade

Palor, -ari (errer) : planète (pl. *planetae*, planètes), pris au grec

Par, impar (égal, inégal) : parité, disparité (*paritas, disparitas*)

Peritus (habile) : impéritie (*imperitia,* manque d'expérience)

Potare (boire) : potable (*potabilis*)

Prauus (mauvais) : dépravé (*deprauatus*)

Proles (progéniture) : prolétaire (*proletarius*), prolifique

Pugna (combat) : pugnace, pugnacité (*pugnax, pugnacitas*)

Quies (repos) : inquiet, inquiétude (*inquies, inquietudo*)

Rapio, -ere (emporter violemment) : rapide, rapace, rapines (*rapidus, rapax, rapina*)

Robur (force) : robuste (*robustus*)

Rogo, are (demander) : proroger, abroger, prérogative (*prorogo, abrogo, praerogatiua* : notamment *praerogatiua centuria*, la centurie qui vote la première)

Rupes (rocher) : rupestre (*rupestris*)

Rus (campagne) : rustique (*rusticus*), rural (*ruralis*), ruralité

Sacerdos (prêtre) : sacerdotal (*sacerdotalis*)

Saeuus (cruel) : sévir (*saeuio*, faire rage), sévices (*saeuitia,* violence, cruauté)

Sagitta (flèche) : sagittaire (*sagittarius*), sagittal

Scelus (crime) : scélérat (*sceleratus* : meurtrier, infâme ; la *Porta scelerata*, porte maudite, par laquelle passèrent les 300 Fabius pour leur fatale expédition)

Scio, -ire (savoir) : conscience (*conscientia*), omniscience

Senex (vieillard) : sénile, sénescence (*senilis, senesco, senescens*)

Sidus (astre, constellation) : sidéral (*sideralis*), considérer (*considero*), désirer (*desidero*, désirer, mais aussi regretter)

Soleo, -ere (avoir coutume) : insolite (*insolitus*)

Spuo, -ere (cracher) : conspuer (*conspuere*)

Stipo, -are (mettre dru, mettre serré) : constipé (*constipatus*, pressé, serré, comme *stipatus* entouré, par ex. de gardes)

Suauis (agréable) : persuader, persuasion, persuasif, etc. (*persuadeo, persuasio*)

Sumo, -ere (prendre) : assumer (*assumo*), résumer (*resumo* existe, mais avec le sens de reprendre, renouveler), subsumer

Sumptus (dépense) : somptueux (*sumptuosus*), somptuaire

Tellus (terre) : tellurique

Tergum (dos) : tergiverser (*tergiuersor*)

Tus (encens) : thuriféraire (sur *turifer*, qui produit ou qui offre de l'encens)

Vtor, uti (se servir de) : utile (*utilis*)

Vates (devin) : vaticiner *(uaticinor, -ari)*

Veho, -ere (porter, emporter) : véhément, véhémence (*uehe-mens, uehementia*)

Verbero, -are (frapper) : réverbération (*reuerbero*)

Verso, -are (renverser) : adversaire (*aduersarius*), inverser, inversion (*inuerto*), malversation

Voluo, -ere (rouler) : révolution, révolu (*reuoluo*, part. *reuolutus*, dérouler, *reuolutio*, révolution, retour*) révolte, révolver

Vro, -ere (brûler) : combustion (*comburo, combustum, combustio*), combustible

Vrgo, -ere (être imminent) : urgent (part. *urgens*), urgence (pl. *urgentia*), urgentiste

Vulgus (la foule) : vulgaire, vulgarité, divulguer (*uulgaris, uulgaritas, diuulgare*)

Vulnus (blessure) : vulnérable, vulnéraire (*uulnerabilis, uulnerarius*, relatif aux blessures et masc. chirurgien)

4. MOTS TRANSPOSÉS DIRECTEMENT DU LATIN

Voici, pour aider notre lectrice à se sentir d'emblée plus familière avec la langue mère de la nôtre, une liste, simple échantillon, de mots transposés du latin et gardant en français le même sens, avec de légères modifications affectant seulement la terminaison :

Noms féminins de la première déclinaison

-a devient *-e* (type *amica* devient *amie*) : **amica, arena, aurora, ansa, anguilla, antemna, arithmetica, argilla, aurora, barba, bestiola, canicula, causa, cauerna, cautela, cellula, charta,**

chimera, clauicula, coena, concubina, copula, disciplina, doctrina, fenestra, fibra, fistula, flamma, forma, formula, fortuna, fossa, etc.

-*ia* devient -*e* (type *academia* devient *académie*) ; ces noms sont tirés du grec le plus souvent : **academia, agonia, allegoria, amphibologia, analogia, apostasia, anarchia, anatomia, antipathia, apostasia, aristocratia, astrologia, astronomia, chiromancia, chirurgia, chronologia, cosmographia, democratia, elegia, epilepsia, comoedia, geographia, genealogia, tragoedia**, mais aussi : **acrimonia, calumnia, centuria, concordia, controuersia, discordia**.

-*tia* devient -*ce* (type *absentia* devient *absence*) : **absentia, abstinentia, abundantia, adolescentia, affluentia, arrogantia, astutia, auaritia, circumstantia, clementia, concupiscentia, confidentia, conniuentia, congruentia, conscientia, consequentia, continentia, decentia, dementia, differentia, diligentia, elegantia, euidentia, excellentia, experientia, iactantia, ignorantia, iustitia, injustitia, militia, scientia**, etc.

Noms masculins de la deuxième déclinaison

-*us* devient -*e* (type *architectus* devient *architecte*). De nombreux mots sont de nouveau tirés du grec : **amethystus, architectus, astrologus, astronomus, atheus, atomus, barbarismus, bigamus, capricornus, catalogus, catechismus, centaurus, conus, crocodilus, cubus, cycnus (?), cylindrus, dialogus, diphtongus, elleborus, epilogus, hippodromus, horoscopus, hyacinthus, hydrus, hymeneus, labyrinthus, methodus, narcissus**, mais aussi : **genius, globus, iurisconsultus, libellus, manipulus, modus, modulus, mundus**, etc.

-*us* tombe avec la dernière syllabe (type *angelus* devient *ange*) : **annus, aduocatus, calculus, campus**, etc.

Noms neutres de la deuxième déclinaison

-um devient *-e* (type *antidotum* devient *antidote*). De nombreux mots sont tirés du grec : **amomum, amphitheatrum, antidotum, archiuum, astrum**, mais les suivants sont latins : **antrum, asilum, centrum, crepusculum**.

-um tombe avec la dernière syllabe (type *arsenicum* devient *arsenic*) : **arsenicum** est tiré du grec, les autres sont purement latins : **attributum, collum, confinium, delictum, desertum, donum, duellum, effectum, exilium, ferrum, filum, interdictum, lardum, linum, nardum, obiectum, solum**, etc.

-ium devient *-e* (type *auspicium* devient *auspice*) : **adulterium, aduerbium, aedificium, aequilibrium, aequinoctium, augurium, auspicium, beneficium**, et **absinthium**, tiré du grec

Adjectifs des première et deuxième déclinaisons

-us, -a, -um tombent en dernière syllabe : **absolutus, ambiguus, amicus, assiduus, bonus**, etc. *-us, -a, -um* deviennent *-e* : **absurdus, acidus, adversus, adultus, aemulus, aridus, amplus, antiquus, auarus, auidus, austerus, augustus**, etc. ; **amphibius, anonymus** sont tirés du grec

-iuus, -iua, -iuum deviennent *-if, -ive* : **ablatiuus, adiectiuus, adoptiuus, captiuus, contemplatiuus, demonstratiuus**, etc.

-cus, -ca, -cum deviennent *-que* : **aequiuocus**

-osus, -osa, -osum deviennent *-eux, -euse* : **ambitiosus, aquosus, artificiosus, bellicosus, calumniosus, captiosus, copiosus, curiosus, fabulosus, famosus, fastuosus, fructuosus, fumosus, furiosus, generosus, gloriosus**, etc.

-atus devient *-é, -ée* : **amatus, ampullatus, coniuratus, effrenatus, effeminatus, fortunatus**, etc.

-icus, -ica, -icum deviennent *-icien, -icienne*. Nombreux sont les mots tirés du grec : **academicus, apoplecticus, aromaticus, astrologicus, dialecticus, historicus, logicus, mathematicus, medicus, metaphysicus, musicus, physicus, platonicus, stoïcus,** et d'origine latine : **angelicus, aquaticus**

Adjectifs de la troisième déclinaison

-ilis, -ilis, -ile deviennent *-ile* : **facilis, habilis,** etc.

Noms masculins en *-or* de la troisième déclinaison

-or, -tor deviennent *-eur, -teur* : noms tous masculins en latin, souvent féminins en français : **odor, error, au(c)tor, pudor, splendor, honor, ardor, labor, rumor, orator, quaestor, terror, horror, fauor, candor, rancor, furor**

▸ François Poullain de La Barre, *Rapports de la langue latine à la française pour traduire élégamment*, Paris, 1672.

▸ Jacques Cellard, *Les Cinq Cents Racines grecques et latines les plus importantes du vocabulaire français*, Paris, t. 2 : *Racines latines*, Paris, 1986 (édition revue par Cécile Bourgaux, 2013).

QUELQUES DOCUMENTS INTÉRESSANT
L'HISTOIRE DE L'ÉTYMOLOGIE

Varron (116 -27 av. J.-C.), *De lingua Latina*

Cicéron le nommait « le plus savant des Romains »,
et il aurait écrit soixante-quatorze ouvrages, dont pour
beaucoup il ne reste que les titres, mais dont subsiste
l'intégrale des *Res rusticae* et un peu plus du quart du *De
lingua Latina*. Le cinquième livre de cet ouvrage s'ouvre
sur la déclaration : « J'ai décidé d'exposer en six livres la
façon dont les mots ont été imposés aux choses dans la
langue latine. » Programme rempli, avec des intuitions
justes (*pomoerium*, autrement dit *post murum*) et d'autres
plus hasardées (*urbs*, tiré de *orbi*s, le cercle qu'on traçait
pour délimiter le périmètre de la ville ; ou bien *nox*, la
nuit, viendrait de *nocere*, nuire, parce que les vapeurs de
la nuit congèleraient tout si le soleil ne réapparaissait).

Livre cinquième, dédié à Cicéron

J'ai entrepris d'exposer en six livres l'origine des mots latins.
De ces six livres, j'en ai rédigé trois avant celui-ci, dans lesquels
je traite de l'étymologie [...] Le premier contient ce qu'on a dit
contre ; le second, ce qu'on a dit pour ; le troisième, ce qu'on a dit
sur cette science. Dans les livres que je vous adresse aujourd'hui,

je traite de l'origine des mots latins, et, entre autres, de ceux qui sont en usage chez les poètes.

Dans chaque mot il y a lieu de considérer, 1° la chose d'où ce mot a tiré son origine ; 2° la chose qu'il sert à désigner. Ainsi veut-on faire connaître d'où dérive le mot *pertinacia* (obstination), on fait voir qu'il dérive de *pertendere* (tendre avec force vers une chose) ; veut-on faire connaître la chose à laquelle ce mot a été appliqué, on fait voir l'objet de la tendance obstinée, qu'on appelle *pertinacia*, et dont le contraire est la persévérance, qui consiste à persister dans une chose bonne. La science qui a pour objet la raison et l'origine des mots s'appelle chez les Grecs étymologie ; celle qui a pour objet la chose désignée, περὶ σημαινομένων [la sémantique]. Je traiterai indistinctement de ces deux sciences dans cet ouvrage, mais plus brièvement de la seconde.

L'étymologie a ses obscurités, parce que l'origine des mots se perd dans la nuit des temps ou parce que leur dérivation n'est pas toujours exacte ou n'est pas demeurée pure par suite de l'altération des mots ; ou bien encore parce que les mots de notre langue ne sont pas tous d'origine latine ; enfin, parce que beaucoup de mots ont changé de signification, comme *hostis*, par exemple, qui désignait autrefois un étranger appartenant à une autre nation, et désigne aujourd'hui ce qu'on entendait alors par *perduellis* (ennemi avec qui on est en guerre).

Quand le genre ou le cas d'un mot en indiquera plus manifestement l'origine, c'est sur ce genre ou sur ce cas que j'appuierai mes inductions. Pour justifier cette manière de procéder, je citerai seulement le mot *impos* (qui n'est pas maître de) : il est évident qu'on aperçoit moins dans ce nominatif l'origine de *potentia*, que dans l'accusatif *impotem* ; et, à son tour, *impos* est moins obscur que *pos*, qui semble plutôt synonyme de *pons* (pont) que de *potens* (puissant, maître de) [...] Tout change avec le temps : de là toutes ces discordances entre la signification ancienne et la signification actuelle des mots. Si l'on prend soin de constater d'abord les différentes modifications dont les mots sont susceptibles en passant par la bouche des hommes, on aura moins de peine à remonter à leur origine. L'altération des mots, comme je l'ai démontré dans les livres précédents, a huit causes principales. Elle résulte du retranchement ou de l'addition d'une ou plusieurs lettres, de leur attraction ou de leur changement, de l'allongement ou de l'abréviation des syllabes... Comme, dans les livres précédents, j'ai démontré par des exemples assez nombreux les causes de cette altération, je me borne ici à les rappeler.

Je commencerai par l'origine des mots, laquelle a quatre degrés. Le premier est celui qui est à la portée de tout le monde. Qui ne voit en effet d'où viennent les mots *arenifodinae* (sablonnière) et *viocurus* (intendant des chaussées) ? Le second est celui auquel on s'élève pour étudier le vieux langage, et rechercher comment les poètes ont formé, composé, modifié chaque mot. À ce degré appartiennent les mots suivants de Pacuvius : *rudentisibilus* (sifflement des cordages), *incurvicervicum pecus* (le troupeau à la tête courbée), *clamyde clupeat brachium* (il s'arme de sa chlamyde en guise de bouclier).

Le troisième est celui où s'élève la philosophie pour découvrir l'origine des mots qui sont dans l'usage commun, tels que *oppidum* (fort), *uicus* (quartier, village), *uia* (voie). Le quatrième est celui qui nous initie à la connaissance des principes des choses. Que, si je ne parviens pas à l'atteindre, à défaut de science certaine je m'appuierai sur la conjecture, à l'exemple des médecins, qui quelquefois n'agissent pas autrement dans le choix des remèdes qu'ils conseillent aux malades.

Si je n'atteins pas ce quatrième degré, j'irai du moins au-delà du degré précédent, grâce au flambeau non seulement d'Aristophane de Byzance, mais encore de Cléanthe. J'ai voulu aller plus loin que ceux qui se sont bornés à rechercher l'origine des mots créés par les poètes ; car il ne me semblait pas satisfaisant de rechercher l'origine d'un mot d'Ennius, et de négliger celle d'un mot du roi Latinus. La plupart des mots poétiques, en effet, sont plutôt faits pour mon plaisir que pour mon usage ; mais les anciens sont plutôt faits pour mon usage que pour mon plaisir. Les mots que nous a légués le roi Romulus ne sont-ils pas plus véritablement miens que ceux que nous a légués le poète Livius ?

Or, puisque les mots sont de trois espèces, latins, étrangers ou oblitérés, j'exposerai la raison des premiers et la dérivation des seconds, sans m'occuper de ceux dont la trace est perdue, en vous faisant part tantôt de mes découvertes, tantôt de mes conjectures. Dans ce livre je rechercherai l'origine des noms des lieux et des accessoires ; dans le livre suivant, celle des noms des temps, ainsi que des noms des choses qui se passent en même temps ; dans le troisième, de ces deux sortes de mots par rapport aux poètes.

Isidore de Séville (560-636), *Etymologiae*

> Évêque d'Hispalis, ancien nom de Séville, Isidore est
> l'auteur des *Etymologiae* ou *Origines*, immense répertoire
> de vingt livres et quatre cent quarante-huit chapitres où,
> à travers l'analyse des mots, il entend exposer la totalité
> du savoir antique. Voici un extrait du livre X.

L'origine des mots et leur source n'est pas chose évidente pour tout le monde. Aussi en ai-je recensé un certain nombre pour les faire mieux connaître.

Bien que l'origine des mots et leur source trouve une explication chez les philosophes, en sorte que par dérivation *homo* (homme) vient de *humanitas* (humanité) et *sapiens* (sage) de *sapientia* (la sagesse), parce que la sagesse vient d'abord et ensuite le sage, cependant il y a clairement place pour une autre raison particulière de la forme des noms, comme *homo* (homme) est tiré de *humus* (la terre), d'où l'on voit que l'homme tire proprement son nom. C'est la raison pour laquelle j'en ai donné quelques exemples dans ce livre.

A

Auctor (garant, auteur) est dit d'après *augendo* (augmenter), *actor* (l'acteur) d'après *agendo* (agir), *alumnus* (le nourrisson, l'élève) de *alendo* (nourrir), *amicus* (l'ami) vient de *animi custos* (gardien de l'âme) ou de *hamus* (hameçon), c'est-à dire la chaîne d'amour, *argutus* (subtil) est celui qui trouve rapidement les arguments (*argumenta*), *avidus* vient de *aveo*, *auspex* (l'auspice) est celui qui observe les oiseaux (*aues*), comme *auceps* (l'oiseleur) celui qui les capture, *adulter* (adultère), celui qui usurpe le lit d'un autre (*alter*), *ambo* est tiré du mot grec *ampho*, dont on a changé la troisième lettre.

[...]

B

Beatus (heureux) est comme qui dirait *bene auctus* (qui a bien grandi).

[...]

C

Clarus (brillant, illustre) vient du ciel (*caelum*) parce qu'il est lumineux, *celsus* (grand, élevé) est dit d'après le ciel (*caelum*) parce qu'il est haut et sublime, *castus* (chaste) a d'abord été nommé d'après la castration (*castratio*), puis les Anciens ont voulu que soit ainsi désignée la volonté d'observer une complète abstinence.

Citons encore, en désordre :

Piger, quasi pedibus aeger (paresseux, comme qui dirait souffrant des pieds) ; *sollicitus, quia sollers et citus* (inquiet, parce que intelligent et rapide) ; *sedulus, hoc est sine dolo* (loyal, c'est-à-dire sans ruse) ; *prudens, quasi porro uidens* (prudent, c'est-à-dire qui voit de loin) ; *mollis, quod quasi mulier emolliatur* (mou, parce que amolli comme une femme) ; *mutus, quia uix non est eius sermo, nisi mugitus* (muet, parce que sa parole n'est qu'un mugissement) ; *frendens, quod minando frangat dentes* (grinçant, parce que, en menaçant, il grince des dents) ; *fatigatus, quasi fatis agitatus* (fatigué, c'est-à-dire harcelé par les destins).

Étienne Tabourot, *Les Bigarrures du seigneur des Accordz* (1583)

> Étienne Tabourot, dit le seigneur des Accords (1547-
> 1590), est un poète français né à Dijon, auteur notamment
> de miscellanées, les *Bigarrures*, où sont répertoriées toutes
> sortes de curiosités linguistiques et poétiques. Les « allu-
> sions » dont il s'amuse ici sont des étymologies largement
> fantaisistes :

Des allusions

Beaucoup pourront trouver extravagant que je n'ay mis ce chapitre après celuy des Amphibologies ou des Æquivoques, pour le
peu de différence qui est entre eux. Car l'allusion se fait de dictions
approchées de quelque nom, en lieu que l'Æquivoque se fait de même
voix entièrement et que l'Amphibologie d'un seul nom représente
deux ou trois significations. De sorte que l'Æquivoque peut être
allusion entière et allusion ne peut être entière Æquivoque, mais je
l'ay fait expressément, afin d'entremesler les matières d'un mélange
agréable et que les entassant de suite il ne semble que je voulusse
confondre, ainsi qu'ont fait plusieurs des plus doctes, qui mesme
n'ont point douté d'en faire des Ethymologies : comme Varron en
ses livres dédiés à Cicéron, repris par Quintilien, qui l'argue d'avoir
dict *Ager* de *agendo quod in eo aliquid agatur*, *Graculus quasi gre-
gatim uolans*, *Merula, quasi mera uolans, id est sola*, il reprend aussi
quelques autres, comme Aelius, qui a dict *Pituitam, quod petat uitam*,
Gabinius, qui *Caelibes quasi caelites dixit*, et autres que tu pourras
voir de cet autheur aussi extravagant recherchées, que plusieurs
françaises, que tu pourras voir ci-après. Laurent Valle, pour trouver
à dire sur la pureté du langage latin des Pandectes a bien osé mettre
en avant qu'ils ont prins leurs gentilles allusions pour Ethymologies
et la dessus prenait plaisir à les déchiqueter à sa mode. Mais Zazius,
ce gentil docteur allemant, et Alciat luy ont bien montré son bec
jaune et comme luy-mesme a lourdement erré d'estimer que ce

fussent Ethymologies, et a pourtant prins mal l'un pour lutr, ou les a confondus ineptement. Car l'Ethymologie est *ueriloquium aut notatio,* autrement *originatio*, qui regarde la vraye source du mot, comme *Philippus*, du grec *philos* et *hippos*, et allusion est seulement un demi-équivoque à plaisir. Les jurisconsultes donc, quand ils ont dit *Possessionem quasi pedum positionem, Interdictum, quasi inter duos dictum* et autres infinis, ils ont simplement alludé et ne se trouvera aucun passage où ils appellent telles Allusions Ethymologies.

En voicy dont premièrement quelques latins tirez de ça de là, qui ne sont pas mal plaisants : Caput a capiendo, Oculi, quasi occulti, Frons a foraminibus oculorum, Auris a uocibus hauriendis, Labia a lambendo ; en voicy un sublime : Mentum quasi mandibulorum fundamentum, Os ab ostio, Dentes quasi edentes, Lingua a ligando, quia ligat uerba, Digiti quasi decenter iuncti, Pupilla, quia palpatur a puero, Vrina quia urit interna, Nates quasi innitentes, qui sont tous pris d'Isidore et Anglicus.

Mais je veus en venir à nos français :

Bonnet, de *bon* et de *net*, pour ce que l'ornement de la tête doit estre tel. Bovelle le dérive de *bon est*.

Chapeau, quasi eschappe eau, aussi anciennement ne le soulait on porter que par les champs et en temps de pluie.

Chemise, quasi sur cher [chair] mise.

Chausse, pour ce qu'on trouve *au cul chaut ce*. Ainsi que la beauce fut nommée par Pantagruel.

Soulier, quasi sus liez, pour ce qu'anciennement on les liait dessus à la forme des Italiens et Espagnols.

Velours, quasi velu ours.

Cheminée, quasi chemin aux nuées.

Taverne, quasi tard venuz.

Soldat, quasi sou de lart, ou de l'italien *solda*, qu'est à dire paye.

Gentilshommes, quasi hommes gentils sur les autres, mais aujourd'hui, depuis que chaque canaille les contrefaict, on dit de gens pille homme.

Estendart, quasi estendu en l'air.

Parlement, pour ce qu'on y parle et ment.

Eschevin, quasi lesche vin.

Antoine Court de Gibelin, *Le Monde primitif* (1775-1784)

> Fils d'un ministre protestant, Antoine Court de Gibelin
> (1725-1784) a construit sur l'origine de la parole un sys-
> tème, confié à un immense ouvrage intitulé *Le Monde
> primitif analysé et comparé avec le monde moderne,* ouvrage
> inachevé dont furent publiés neuf livres. Les volumes V,
> VI, VII et IX sont des dictionnaires étymologiques des
> langues grecque, latine et française.

Forme de nos Origines Latines : manière de s'en servir

Dans les Origines Latines que nous donnons ici au Public les
mots Latins offrent un ordre absolument différent de celui qu'ils
ont dans les Dictionnaires ordinaires : dans ceux-ci on trouve à
l'instant un mot, en le cherchant par la première lettre dont il est
composé ; il ne faut, pour cet effet, qu'avoir des yeux : il n'en est
pas de même ici : on y doit chercher les mots, non par leur première
lettre mais par le noyau qui l'a formé, par le mot radical dont il est
composé. Mais ceci suppose :

1° L'idée de mots radicaux et de mots dérivés ; de mots premiers,
donnés par la nature et en petit nombre, de mots seconds formés sur
ceux-là par le génie, d'après certaines règles : en d'autres termes, la
connoissance de l'Art étymologique. La forme de ce Dictionnaire
repose donc en entier sur la masse de nos principes : il en est la
vérification par l'ensemble des mots Latins.

2° Cet arrangement nouveau suppose encore qu'il en résulte
une plus grande facilité, une toute autre aisance, pour apprendre
les mots Latins.

3° Il suppose de plus une certaine manière de s'en servir, sans laquelle on n'en retireroit pas l'utilité à laquelle il est destiné.

[...]

Avantages de cette Méthode

Il n'est aucun de nos Lecteurs qui ne sente déjà les avantages inestimables d'une pareille méthode. Jusqu'ici, l'étude des Langues consistoit à apprendre une foule immense de mots entassés au hasard |es uns sur les autres sans aucun rapport entre eux, et sans qu'on pût jamais se rendre compte de leur masse. Mais peut-on dire connoître comme il faut ce dont on ne peut jamais se rendre compte, ce qu'on ne sauroit caser ?

Il n'en est point de même ici ; au lieu de cette masse indigeste de mots Latins mis bout-à-bout dans les Dictionnaires, et où chacun d'eux est toujours isolé sans aucun rapport avec ceux qui le précédent et qui le suivent, nos Origines Latines offrent un nombre déterminé et peu étendu de petits Dictionnaires, de Cases, de Familles entre lesquelles est distribuée la masse entière des mots Latins.

Cette distribution est prise dans la nature des mots même ; elle n'est ni arbitraire, ni difficile à saisir ; les mots viennent s'y arranger d'eux-mêmes suivant la racine à laquelle ils appartiennent : tous ceux qui se rapportent au même chef, ne sont plus comptés que pour un ; il suffit de savoir le radical de chacun de ces touts, pour avoir l'idée la plus complète de l'ensemble ; ainsi qu'un Général d'armée, qui ne pourroit concevoir l'ensemble d'une armée, dont tous les Soldats seroient isolés, le conçoit très-bien au moyen des grandes divisions dont les Chefs lui sont connus : il en est de même des Langues : avec cet ordre, on parvient sans peine à connoître l'ensemble de leurs mots.

En rangeant ainsi sous un petit nombre de classes tous les mots latins, en n'ayant plus besoin pour les saisir tous que d'en posséder quelques centaines de très-simples, on a deux ou trois cents fois moins de peine, il faut deux ou trois cents fois moins de temps : on a deux ou trois cents fois plus de jouissance : l'on peut apprendre les mots Latins en un espace de temps infiniment plus court ; et apprendre par-là même plusieurs Langues dans ce seul espace de tems qu'exigeoit auparavant la seule étude des mots Latins.

À cela se joint un autre avantage précieux : c'est que tous ces mots étant ainsi classés suivant leur origine, on voit aussitôt briller de nouveaux rapports infiniment flatteurs, et qui empêchent qu'on puisse jamais les oublier : chacun d'eux porte avec soi la raison de son existence, chacun d'eux devient un tableau complet qui s'explique parfaitement, dont toutes les parties font connues, dont on voit la liaison avec la Nature, avec nos besoins, avec l'instrument vocal, avec les objets qu'on avoit à peindre. Tout y devient d'une vérité sensible et intéressante : les mots en acquièrent une force, une chaleur, une énergie, une vie dont ils étoient privés, et qui les grave pour jamais dans l'esprit, en faisant admirer leur heureux choix.

Dès-lors, la raison et l'intelligence s'unissent à la mémoire pour l'étude des mots et cette étude change par-là totalement de forme.

L'excellence de cette méthode est si sensible, ses effets si frappants, qu'il n'est personne qui ne soit porté en peu de temps à désirer de la mettre en pratique : c'est cette espérance qui nous a soutenu dans la recherche pénible des radicaux de la Langue Latine, dans le travail fastidieux de l'arrangement de tous ses mots sous ces radicaux, et dans les dépenses qu'a entraîné ce travail, et l'impression de ce Dictionnaire Latin, unique jusqu'à présent dans son espèce, et pour lequel notre Imprimeur a été obligé de faire faire des fontes considérables, inutiles pour tout autre ouvrage, et qui n'ont pu que retarder l'impression de ce Volume.

Émile Littré, *Pathologies verbales ou Lésions de certains mots dans le cours de l'usage* (1877)

Émile Littré (1801-1881) est un médecin, lexico-graphe, philosophe, traducteur de l'*Histoire naturelle* de Pline l'Ancien, homme politique, surtout connu pour son dictionnaire de la langue française, qu'on nomme couramment « le Littré » (1873-1878). L'ouvrage intitulé *Pathologies verbales* fut publié une année avant sa mort.

Notre langue est écrite depuis plus de six cents ans. Elle est tellement changée dans sa grammaire, dans ses constructions et même en son dictionnaire, qu'il faut une certaine étude, qui d'ailleurs n'est pas bien longue et que j'ai toujours recommandée, pour comprendre couramment l'ancienne. Malgré tout, un grand nombre de mots ont traversé ce long intervalle de temps, ils ont été employés par tous les Français, il est vrai, habitant le même pays, mais soumis à d'infinies variations de mœurs, d'opinions, de gouvernements. On doit admirer la constance de la tradition sans s'étonner des accrocs qu'elle a subis çà et là.

Comme un médecin qui a eu une pratique de beaucoup d'années et de beaucoup de clients, parcourant à la fin de sa carrière le journal qu'il en a tenu, en tire quelques cas qui lui semblent instructifs, de même j'ai ouvert mon journal, c'est-à-dire mon dictionnaire, et j'y ai choisi une série d'anomalies qui, lorsque je le composais, m'avaient frappé et souvent embarrassé. Je m'étais promis d'y revenir, sans trop savoir comment ; l'occasion se présente en ce volume et j'en profite ; ce volume que, certes, je n'aurais ni entrepris ni continué après l'avoir commencé, si je n'étais soutenu par la maxime de ma vieillesse : faire toujours, sans songer le moins du monde si je verrai l'achèvement de ce que je fais.

Je les laisse dans l'ordre alphabétique où je les ai relevées. Ce n'est point un traité, un mémoire sur la matière, que je compte mettre sous les yeux de mon lecteur. C'est plutôt une série d'anecdotes ;

le mot considéré en est, si je puis ainsi parler, le héros. Plus l'anomalie est forte, plus l'anecdote comporte de détails et d'incidents. Je suis ici comme une sorte de Tallemant des Réaux, mais sans médisance, sans scandale et sans mauvais propos, à moins qu'on ne veuille considérer comme tels les libres jugements que je porte sur les inconsistances et les lourdes méprises de l'usage, toutes les fois qu'il en commet.

L'usage est de grande autorité, et avec raison ; car, en somme, il obéit à la tradition ; et la tradition est fort respectable, conservant avec fidélité les principes mêmes et les grandes lignes de la langue. Mais il n'a pas conscience de l'office qu'il remplit ; et il est très susceptible de céder à de mauvaises suggestions, et très capable de mettre son sceau, un sceau qu'ensuite il n'est plus possible de rompre, à ces fâcheuses déviations. On le trouvera, dans ce petit recueil, plus d'une fois pris en flagrant délit de malversation à l'égard du dépôt qui lui a été confié ; mais on le trouvera aussi, en d'autres circonstances, ingénieux, subtil et plein d'imprévu au bon sens du mot.

Cette multitude de petits faits, dispersés dans mon dictionnaire, est ici mise sous un même coup d'œil. Elle a l'intérêt de la variété ; et, en même temps, comme ce sont des faits, elle a l'intérêt de la réalité. La variété amuse, la réalité instruit.

Parole

Où est la pathologie à dire *parole* ou lieu de *verbe*, qui eût été le mot propre ? Elle est en ce qu'il a fallu une forte méprise pour imposer au mot roman le sens qu'il a. Quand vous cherchez l'origine d'un vocable, soyez très circonspect dans vos conjectures ; hors des textes, il n'y a guère de certitude. Au moment de la naissance des langues romanes et dans les populations usant de ce que nous nommons bas latin, on se servit de *parabola* pour exprimer la parole. Comment la parabole en était-elle venue à un sens si détourné ? On répugnait à se servir, dans l'usage vulgaire, du mot *uerbum*, qui avait une acception sacrée ; d'un autre côté, la parabole revenait sans cesse dans les sermons des prédicateurs. Les ignorants prirent ce mot pour eux et lui attachèrent le sens de *uerbum*. Les ignorants firent loi, étant le grand nombre, et les savants furent obligés de dire *parole* comme les autres. *Parabole* a-t-il subi quelque dégradation en passant de l'emploi qu'il a dans le Nouveau Testament à celui que lui donne l'usage vulgaire ? Sans doute ; du moins, en le faisant descendre à un office de tous les jours, on a eu soin de le déguiser ; car ce n'est pas le premier venu qui, sous *parole*, reconnaît *parabole*.

Personne

Personne est un exemple des mots d'assez basse origine qui montent en dignité. Il provient du latin *persona*, qui signifie un masque de théâtre. Que le masque ait été pris pour l'acteur même, c'est une métathèse qui s'est opérée facilement. Cela fait, notre vieille langue, s'attachant uniquement au rôle public et considérable que la *persona* jouait autrefois, et la purifiant de ce qu'elle avait de profane, se servit de ce mot pour signifier un ecclésiastique constitué en quelque dignité. C'est encore le sens que ce mot a dans la langue anglaise (*parson*), qui nous l'a emprunté avec sa métamorphose d'acception. Nous avons été moins fidèles que les Anglais à la tradition ; et, délaissant le sens que nous avions créé nous-mêmes, nous avons imposé à *personne* l'acception générale d'homme ou de femme quelconques. Le mot anglais, qui est le nôtre, n'a pas subi cette régression, ou plutôt n'a pas laissé percer le sens, ancien aussi, d'homme ou femme en général. En effet, cette acception se trouve dès le treizième siècle. On peut se figurer ainsi le procédé du français naissant à l'égard du latin *persona* : deux vues se firent jour ; l'une, peut-être la plus ancienne, s'attachant surtout aux grands personnages que le masque théâtral recouvrait, fit de ces personnes des dignitaires ecclésiastiques ; l'autre, plus générale, se borna à prendre le masque pour la personne.

Michel Bréal, *Essai de sémantique* (1897)

Michel Bréal (1832-1915), élève de Franz Bopp dont il traduit la fameuse *Grammaire*, devient professeur de grammaire comparée à l'École pratique des hautes études et au Collège de France de 1866 à 1905, où il a pour disciples Ferdinand de Saussure, Antoine Meillet et Arsène Darmesteter. Il est l'inventeur du terme de sémantique.

Idée de ce livre

Les livres de grammaire comparée se succèdent, à l'usage des étudiants, à l'usage du grand public, et cependant il ne me semble pas que ce qu'on offre soit bien ce qu'il fallait donner. Pour qui sait l'interroger, le langage est plein de leçons, puisque depuis tant de siècles l'humanité y dépose les acquisitions de sa vie matérielle et morale : mais encore faut-il le prendre par le côté où il parle à l'intelligence. Si l'on se borne aux changements des voyelles et des consonnes, on réduit cette étude aux proportions d'une branche secondaire de l'acoustique et de la physiologie ; si l'on se contente d'énumérer les pertes subies par le mécanisme grammatical, on donne l'illusion d'un édifice qui tombe en ruine ; si l'on se retranche dans de vagues théories sur l'origine du langage, on ajoute, sans grand profit, un chapitre à l'histoire des systèmes. Il y a, ce me semble, autre chose à faire. Extraire de la linguistique ce qui en ressort comme aliment pour la réflexion, et – je ne crains pas de l'ajouter – comme règle pour notre propre langage, puisque chacun de nous collabore pour sa part à l'évolution de la parole humaine, voilà ce qui mérite d'être mis en lumière, voilà ce que j'ai essayé de faire en ce volume.

Il n'y a pas encore bien longtemps, la Linguistique aurait cru déroger en avouant qu'elle pouvait servir à quelque objet pratique. Elle existait, prétendait-elle, pour elle-même, et elle ne se souciait pas plus du profit que le commun des hommes en pourrait tirer, que l'astronome, en calculant l'orbite des corps célestes, ne pense à la prévision des marées. Dussent mes confrères trouver que c'est abaisser notre science, je ne crois pas que ces hautes visées soient justifiées. Elles ne conviennent pas à l'étude d'une œuvre humaine telle que le langage, d'une œuvre commencée et poursuivie en vue d'un but pratique, et d'où, par conséquent, l'idée de l'utilité ne saurait à aucun moment être absente. Bien plus : je crois que ce serait enlever à ces recherches ce qui en fait la valeur. La Linguistique parle à l'homme de lui-même : elle lui montre comment il a construit, comment il a perfectionné, à travers des obstacles de toute nature, et malgré d'inévitables lenteurs, malgré même des reculs momentanés, le plus nécessaire instrument de civilisation. Il lui appartient de dire aussi par quels moyens cet outil qui nous est confié et dont nous sommes responsables, se conserve ou s'altère... On doit étonner étrangement le lecteur qui pense, quand on lui dit que l'homme n'est pour rien dans le développement du langage et que les mots – forme et sens – mènent une existence qui leur est propre.

Histoire des mots

La diversité du milieu social n'est pas la seule cause qui contribue à l'accroissement et au renouvellement du vocabulaire. Une autre cause, c'est le besoin que nous portons en nous de représenter et de peindre par des images ce que nous pensons et ce que nous sentons. Les mots souvent employés cessent de faire impression. On ne peut pas dire qu'ils s'usent ; si le seul office du langage était de parler à l'intelligence, les mots les plus ordinaires seraient les meilleurs : la nomenclature de l'algèbre ne change pas. Mais le langage ne s'adresse pas seulement à la raison : il veut émouvoir, il veut persuader, il veut plaire. Aussi voyons-nous, pour des choses vieilles comme le monde, naître des images nouvelles, sorties on ne sait d'où, quelquefois de la tête d'un grand écrivain, plus souvent de celle d'un inconnu ; si les images sont justes et pittoresques, elles trouvent accueil et se font adopter. Employées dans le principe à titre de figures, elles peuvent devenir à la longue le nom même de la chose.

Ce chapitre de la métaphore est infini. Il n'est rapport réel ou ressemblance fugitive qui n'ait fourni son contingent ; les traités de rhétorique ne contiennent trope si hardi que le langage n'emploie tous les jours comme la chose du monde la plus simple. Les exemples sont si nombreux que la seule difficulté est de choisir.

En tout temps le vocabulaire maritime paraît avoir offert un attrait particulier à l'habitant de terre ferme : de là, pour les actes les plus ordinaires, un apport continuel de termes nautiques. *Accoster* un passant, *aborder* une question, *échouer* dans une entreprise, autant de métaphores venues de la mer. Des mots employés à tout instant, comme *arriver*, ont la même origine. Il ne faut pas croire qu'il en soit seulement ainsi dans les langues modernes. Le verbe latin signifiant « porter », *portare*, qui de bonne heure a commencé de disputer la place à *fero*, et que Térence emploie déjà en parlant d'une nouvelle qu'on apporte, signifiait « amener au port ». Nous en avons repris quelque chose dans *importer*, *exporter* et *déporter*. C'était un terme de marine marchande. Le grec, sur ce point, s'est montré moins novateur.

[...]

Le cheval et l'équitation ont fourni une grande quantité d'expressions figurées. Il en a été composé tout un volume. Elles peuvent se classer par époques, les plus anciennes étant déjà passées à l'état de termes décolorés. On dit, par exemple, d'un homme qui a momentanément, par un coup de surprise, perdu l'usage de ses facultés, qu'il est *désarçonné* ou *démonté* ; d'un orateur embrouillé, nous disons qu'il *s'enchevêtre* dans ses raisonnements, le comparant à un cheval dont les jambes se prennent dans la longe de son licou (chevêtre = *capistrum*). Nous continuons la même comparaison d'un animal au pâturage en disant qu'il a l'air *empêtré* (*impastoriatus*) ; *embarrassé* serait plus poli, mais nous ramènerait à la même idée d'une barre servant d'entrave.

[...]

Comme ces coquilles qui jonchent le bord de la mer, débris d'animaux qui ont vécu, les uns hier, les autres il y a des siècles, les langues sont remplies de la dépouille d'idées modernes ou anciennes, les unes encore vivantes, les autres depuis longtemps oubliées. Toutes les civilisations, toutes les coutumes, toutes les conquêtes et tous les rêves de l'humanité ont laissé leur trace, qu'avec un peu d'attention l'on voit reparaître.

Antoine Meillet, *Esquisse d'une histoire de la langue latine* (1928)

> Antoine Meillet (1866-1936), après avoir suivi les cours de Michel Bréal et de Ferdinand de Saussure, occupa la chaire de grammaire comparée au Collège de France, où il eut pour élève Émile Benveniste, et la chaire d'arménien à l'École spéciale des langues orientales.

Il faut ici se représenter les faits de civilisation. Les populations de langues indo-européennes qui sont descendues dans les régions méditerranéennes n'étaient pas « sauvages ». Elles connaissaient plusieurs métaux, mais sans doute pas encore le fer. Elles pratiquaient l'agriculture et l'élevage des bestiaux. Et surtout elles avaient des institutions sociales fortement organisées qui leur ont permis d'asseoir leur domination et de la faire durer, en même temps que de faire prévaloir leur langue.

[...]

On a déjà noté [entendre : Meillet] le fait que l'italo-celtique conserve, seul avec l'indo-iranien, un certain nombre de mots indo-européens relatifs à la religion et à l'organisation sociale – dans le monde indo-européen, comme chez les demi-civilisés en général, les deux domaines sont inséparables. Le mot *rex* est indo-européen. Le mot *dominus,* qui signifie maître, est littéralement le « (maître) de la maison », comme, en germanique gotique, *piudans* est le

« (maître) de la nation » (*piuda*) et *kindins* le « (maître) de la gens » (*kind* signifie *gens* en vieil islandais), comme, en latin même, *tribunus* est « celui qui représente la *tribus* » : et le nom, si important, *domus* « maison » est indo-européen lui-même, parent du grec *domos* et du slave *domŭ*. Le nom *lex* de la « loi » est indo-européen, ainsi que le nom *ius* du « droit », d'où sont tirés *iurare* et *iustus*. En passant par la valeur de « donner une formule de droit », *dico* est arrivé au sens de « je dis », en partant de « montrer », de la racine **deik* ; le *iudex* est « celui qui dit le droit ». La combinaison de *dico* avec *inter* pour indiquer une défense a son pendant en iranien, où dans l'Avesta, *antar-mru* signifie « interdire ». La racine qui servait en indo-iranien à indiquer une récitation solennelle, une proclamation faite dans les formes, se retrouve en latin, où *censeo* est le verbe, par lequel un sénateur, un magistrat déclare son avis ; et *censor* est le nom d'un magistrat chargé de déclarer la classe où est rangé chaque citoyen. *Credo* a pris une valeur profane dans la plupart des cas, ainsi que le substantif correspondant, *fides* ; mais les Védas montrent que c'est un ancien terme de la langue religieuse. Et *uoueo*, *uotum* a gardé sa valeur religieuse, comme aussi ombr. *vifetes*, « *uotis* ». Le groupe, important en italique, de lat. *sacer* ne se retrouve ni en celtique ni en indo-iranien ; mais même sans faire état du rapprochement possible avec le mot hittite qui signifie la « loi », le « rite », la forme du présent de *sancio* avec sa nasale infixée et son suffixe -i- suffit à en indiquer l'antiquité. La comparaison de *tafn*, « animal de sacrifice » en vieil islandais et de *tawn*, « fête » en arménien établit que lat. *daps*, *dapes*, dont la forme est archaïque, est un ancien terme religieux. *Vates* est un mot italo-celtique. Le rapprochement de *flamen* avec le nom sanscrit *brahman* de la caste sacerdotale a été souvent contesté : mais il ne se heurte à aucune difficulté d'aucune sorte. L'alternance vocalique qu'on observe dans *feriae, festus* et dans *fanum* (de *fas-nom*) établit que ce groupe de mots, pour lequel on n'a pas d'étymologie sûre, est ancien ; il est permis de penser que *fas*, qui désigne « ce qui est permis au point de vue religieux » par opposition à *ius*, « ce qui est permis du point de vue civil », est le nom d'action qui figure dans *fes-* de *feriae, festus,* **fas-* de *fanum.* Le mot latin *forum* est remarquable. La « maison » indo-européenne comportait une enceinte close que les peuples de langue slave connaissent sous le nom de *dvoru.* Ce terme désigne l'enclos où l'on accédait par une entrée nommée *fores* et dont le « chef de maison » est le *dominus.* L'italique lui a donné des valeurs religieuse et officielle : on connaît le rôle du *forum* latin, dont l'ombrien a le correspondant *furu, furo.*

Ces exemples – on n'a énuméré ici que les principaux – montrent que, même après les pertes subies au cours d'une histoire où il s'est produit de grands changements politiques, sociaux et religieux, le latin a gardé un bon nombre de termes anciens de la vie sociale et de la religion. Une forte organisation de la famille avait persisté. Il n'en faut pas être surpris. Les groupes d'hommes de langue indo-européenne qui ont envahi de nouveaux pays n'ont jamais pu se composer d'un grand nombre d'individus. Leur armement ne pouvait pas être bien supérieur à celui de populations chez lesquelles ils pénétraient ; et celles-ci avaient souvent une civilisation matérielle plus élevée. S'ils sont devenus les maîtres, au point de faire prévaloir leur langue, c'est parce qu'ils avaient une puissance d'organisation sociale à laquelle presque rien en Europe n'a résisté.

CONGÉ

Pour Mathilde, en guise de *sphragis* : le jeu des logogriphes

De ces deux mots nouveaux que je te donne en prime, pour t'inciter à étudier le vocabulaire grec après le latin, le premier (sphragis), désigne le sceau, le cachet qui authentifie un document, et en littérature, les mots ou le poème final qui signent un ouvrage ; le sens littéral du second (logogriphe) est : piège de mots.

Cicéron, prenant congé d'un de ses correspondants, lui adressait ce salut final : « Je t'envoie un navire (nauem) sans proue ni poupe », ce qui équivalait au mot aue ; et les Anciens aimaient à rapprocher les deux mots, nomen (le nom) et omen (le présage), entendant par là que le nom est un instrument qui nous instruit sur l'essence des choses. D'autres ont joué ainsi sur les propriétés des mots, comme le poète humaniste Jules César Scaliger (1484-1548), auteur d'un recueil entier de devinettes latines appelées Logographes, *c'est-à-dire* Pièges de mots. *Alors que l'énigme, encore un mot grec, ainigma, joue sur le signifié (ex. : « Eau je fus, eau serai à nouveau » ; comprendre : la glace), le logogriphe joue sur le signifiant (« Je porte dans mon nom celui qui me mutile » :* facies *et* acies, *le visage, le tranchant). Ainsi, sous la plume ironique et sérieuse de Scaliger, le mulet (mulus), par retranchement, se change en souris (mus), la grenouille (rana) se fait canard (anas) et celui-ci est affublé d'un faux nez (ranas, anas, nasus), la patrie (patria) s'avère* *être un groupement de foyers (*atria*) unis par une loi d'égalité (*paria*), et ainsi de suite. Exerce-toi avec ces quelques autres :*

Ôte-moi le milieu et je deviens le tout	*avis, as*
Si tu coupes ma tête, prends garde à mon boutoir	*caper, aper*
Son casque déposé, il plaira à Minerve	*Mars, ars*
Sous l'organe latin s'en cache un autre, grec	*auris, ris*
En m'auto-mutilant, je mets au jour la terre	*cultellus, tellus*
Se cache dans mon nom celui qui me défonce	*paries, aries*
Dans le nom du vieillard l'ennemie est tapie	*senex, nex*
Je t'offre un composé de charmant et d'obscène	*osculum, os, culum*
Le nom de la jalouse enferme deux rivales	*iuno, io, ino*
Simple épice, j'enchaîne le chasseur et la proie	*muscatum, mus, catum*
Secoue-moi, et le piège est l'arche de Noé	*muscipula, mus, musca, mula*
Du chemin que je t'ouvre un dernier coup te chasse	*vita, via, vi*

FINIS

TABLE DES MATIÈRES

Quatrième partie
Vers le français

Ce volume,
publié aux Éditions Les Belles Lettres
a été achevé d'imprimer
en juillet 2016
sur les presses de l'imprimerie de
la Manufacture Imprimeur,
52200 Langres

N° d'éditeur : 8350
N° d'imprimeur : 160692
Dépôt légal : août 2016
Imprimé en France